Die DDR und der Globale Süden
Zwischen ›internationaler Solidarität‹, wirtschaftlicher
Zusammenarbeit und Auslandsspionage

Reihe »Aufarbeitung kompakt«
Band 17

STIFTUNG **ETTERSBERG**
Europäische Diktaturforschung
Aufarbeitung der SED-Diktatur
Gedenk- und Bildungsstätte Andreasstraße

www.stiftung-ettersberg.de

Die DDR und der Globale Süden
Zwischen ›internationaler Solidarität‹, wirtschaftlicher Zusammenarbeit und Auslandsspionage

Herausgegeben von
Jörg Ganzenmüller und
Franz-Josef Schlichting

Redaktion: Daniela Frölich

Wissenschaftliches Tagesseminar
der Stiftung Ettersberg und der Landeszentrale
für politische Bildung Thüringen

12. Juni 2021

© 2022, Stiftung Ettersberg
Jenaer Straße 4, 99425 Weimar
Alle Rechte vorbehalten.
1. Auflage

ISBN 978-3-943098-25-9

Inhalt

Jörg Ganzenmüller · Franz-Josef Schlichting
Vorwort 7

Tobias Rupprecht
Die sozialistischen Staaten und der Globale Süden.
Vom Kalten Krieg zum Aufstieg des Populismus (1953–2020) 11

Eric Burton
Die globale Entwicklungsarbeit der DDR.
Ein Mosaik am Beispiel Sansibars 21

Anna Warda
Tschekistische Entwicklungshilfe in Mosambik.
Das Ministerium für Staatssicherheit, der Kalte Krieg
und der Globale Süden 39

Christian Saehrendt
Kunst im Kampf für das »Sozialistische Weltsystem«.
Die Auswärtige Kulturpolitik der DDR in Afrika und Nahost 57

Katalin Krasznahorkai
Subkutane Rassismen: Angela Davis und ihre Bilder 79

Autorinnen und Autoren 93

Abbildungsverzeichnis 99

Jörg Ganzenmüller · Franz-Josef Schlichting

Vorwort

In den letzten Jahren hat sich die Geschichtswissenschaft im Zuge öffentlicher Debatten über die koloniale Vergangenheit verstärkt dem Globalen Süden zugewandt, was zu einer Erweiterung der europäisch-nordamerikanischen Perspektive und einer Berücksichtigung globaler Zusammenhänge geführt hat. Nicht zuletzt Jürgen Osterhammel hat mit seiner Globalgeschichte des 19. Jahrhunderts aufgezeigt, dass eine Erweiterung des Blickwinkels hilft, eurozentrische Gewissheiten in Frage zu stellen.[1] Die Frage nach dem heutigen Umgang mit dem kolonialen Erbe hat diese Debatte befeuert und auch hierzulande zu öffentlicher Aufmerksamkeit geführt, nicht zuletzt im Zusammenhang mit der Eröffnung des Berliner Humboldt-Forums und der Rückgabe der Benin-Bronzen. Trotz dieser wachsenden Aufmerksamkeit sind die vielfältigen Beziehungen der sozialistischen Staaten mit dem Globalen Süden noch vergleichsweise wenig erforscht. Rückt man jedoch die Verflechtungen zwischen der sozialistischen Welt und dem Globalen Süden ins Zentrum des Erkenntnisinteresses, dann entstehen durchaus neue Perspektiven auf den Kalten Krieg, die Entkolonialisierung und Globalisierung.[2]

Für diejenigen Länder des Globalen Südens, die ihre Unabhängigkeit frisch errungen hatten und noch immer gegen die politische Einflussnahme der ehemaligen Kolonialmächte kämpften, war die sozialistische Welt ein gern gesehener Aufbauhelfer und potentieller Verbündeter. Auch schien manchen politischen Führern eine staatliche Modernisierung von oben ein passendes Vorbild für ihre Staaten, die im Zuge ihrer Unabhängigkeit erst staatliche und gesellschaftliche Strukturen aufbauen mussten. Die Sowjetunion wiederum war bestrebt, im Kontext

---

[1] JÜRGEN OSTERHAMMEL: Die Verwandlung der Welt. Eine Geschichte des 19. Jahrhunderts. München 2009.
[2] Dies zeigt der umfassende Überblick über das neue Forschungsfeld von JAMES MARK/PAUL BETTS u. a.: Socialism goes Global. The Soviet Union and Eastern Europe in the Age of Decolonialization. Oxford 2022.

des Kalten Krieges den Einfluss der Vereinigten Staaten einzudämmen und zugleich der Idee des Sozialismus in außereuropäischen Weltregionen zum Durchbruch zu verhelfen. Dies führte zu einem politischen, ökonomischen und kulturellen Austausch zwischen den Staaten des Warschauer Paktes und Afrika, Asien sowie Lateinamerika. Die daraus resultierenden Verflechtungen hatten neben der staatlichen auch eine gesellschaftliche Dimension, da es im Zuge von Arbeitsmigration, Auslandsstudium und Dienstreisen zu einer Vielzahl von zwischenmenschlichen Begegnungen kam. Sozialistische Modernisierung und antiimperiale Kultur trafen aufeinander und amalgamierten mitunter zu einer spezifischen Form der internationalen Verflechtung jenseits der westlichen Form der Globalisierung.

Die DDR war ein kleines europäisches Land und zudem Bestandteil des sowjetischen Imperiums, sie konnte somit keine unabhängige Außenpolitik betreiben. Dennoch lohnt sich ein Blick auf die politischen, kulturellen und gesellschaftlichen Beziehungen der DDR zu den Ländern des Globalen Südens. Politisch waren diese Beziehungen durch zwei Merkmale geprägt: dem Wunsch der DDR nach internationaler Anerkennung und der Unterstützung von Befreiungsbewegungen im Kontext der Entkolonialisierung und des Kalten Krieges. Auch auf diesem Politikfeld orientierte sich die SED an ihren ideologischen Leitlinien – in diesem Fall dem Antiimperialismus – und war zugleich stark interessengeleitet, insbesondere in ökonomischen Fragen. Aus dieser doppelten Zielsetzung resultierten Widersprüche und Konflikte, die sich nur begrenzt staatlich steuern oder einhegen ließen. Andererseits beförderten sie nicht zuletzt auch die Suche nach pragmatischen Lösungen für sozialen Austausch jenseits der offiziellen Kontakte.[3]

Das Tagesseminar »Die DDR und der Globale Süden«, dessen Vorträge in diesem Band versammelt sind, konnte das Thema weder geographisch noch thematisch erschöpfend behandeln. Allerdings konnten einige Schlaglichter auf das globale Wirken der DDR geworfen und danach gefragt werden, wie sich die ›wissenschaftlich-technische‹

---

[3] Zum Widerspruch zwischen sozialistischem Projekt und ökonomischen Notwendigkeiten sowie die daraus resultierenden Überforderungen siehe RALPH JESSEN: Die Gesellschaft im Staatssozialismus. Probleme einer Sozialgeschichte der DDR. In: *Geschichte und Gesellschaft* 21(1995), S. 96–110, hier S. 102–105.

und kulturelle Zusammenarbeit der DDR mit Ländern des Globalen Südens konkret gestaltete. Welchen politischen, wirtschaftlichen und kulturellen Grundsätzen folgte die ostdeutsche Entwicklungshilfe? Welchen Herausforderungen sahen sich die Handelnden in ihrer Zusammenarbeit gegenüber? Wie nahmen die Länder des Globalen Südens die Hilfsangebote und politischen Verflechtungen mit der DDR wahr?[4]

Dazu skizziert einleitend Tobias Rupprecht die Beziehungen der sozialistischen und postsozialistischen Staaten zum Globalen Süden und zeigt, wie die sozialistische Form der Globalisierung mit dem Ende des Staatssozialismus erst in Misskredit und dann in Vergessenheit geriet. Der Aufstieg des Populismus in den postsozialistischen Gesellschaften des östlichen Europas weise mit seiner antiwestlichen Stoßrichtung allerdings eine zentrale Gemeinsamkeit mit dem älteren Populismus des Globalen Südens auf und lasse alte Kontakte wiederaufleben. Daran anschließend zeigt Eric Burton am Beispiel Sansibars, dass die Entwicklungsarbeit der DDR von unterschiedlichen Motiven geprägt war: der Verfolgung außenpolitischer Ziele sowie ökonomischer Interessen, dem Werben für das sozialistische Gesellschaftsmodell und die Verbesserung der Lebensbedingungen der Menschen. Diese Absichten waren oft nicht miteinander in Einklang zu bringen, sodass eine Bilanz der DDR-Entwicklungsarbeit zwiespältig ausfallen muss. Anna Warda zeigt, dass dies im Grunde auch für die Entwicklungshilfe des Ministeriums für Staatssicherheit zutrifft. Das MfS unterstützte Länder, die im Zuge der Entkolonialisierung ihre Unabhängigkeit errungen hatten, beim Aufbau von Sicherheitsorganen und überwachte zudem die Aufbauhelfer aus der DDR während ihrer Auslandsaufenthalte. Auch wenn die Strukturen, die das MfS aufzubauen half, zum Teil bis heute existieren, so führte die fehlende

---

[4] Das Wissenschaftliche Tagesseminar »Die DDR und der Globale Süden. Zwischen ›internationaler Solidarität‹, wirtschaftlicher Zusammenarbeit und Auslandsspionage« fand am 12. Juni 2021 in digitaler Form statt. Veranstaltet wurde es von der Stiftung Ettersberg und der Landeszentrale für politische Bildung Thüringen. Siehe dazu den Tagungsbericht von VIKTORIA VON KALM: Die DDR und der Globale Süden. Zwischen ›internationaler Solidarität‹, wirtschaftlicher Zusammenarbeit und Auslandsspionage. In: H-Soz-Kult, 30.08.2021, URL: http://www.hsozkult.de/conferencereport/id/fdkn-127604 (letzter Zugriff: 05.10.2022).

Kenntnis der Verhältnisse vor Ort auch zu etlichen Fehlschlägen. Christian Saehrendt zeichnet den ebenso regen Austausch in der Kulturpolitik der DDR mit Angola, Mosambik, Syrien, dem Irak und Palästina nach. Auch wenn es der DDR nicht gelang, dauerhafte kulturpolitische Strukturen aufzubauen, so hatten der individuelle Austausch sowie die daraus entstandenen Kontakte und Freundschaften eine Wirkung, die über das Ende der DDR hinausreichen. Zum Abschluss beleuchtet Katalin Krasznahorkai die politische Instrumentalisierung von Angela Davis und zeigt den inhärenten Rassismus auf, der auch für die Propagandakampagnen der DDR charakteristisch war. Nichtsdestotrotz entwickelte die Ikonisierung von Angela Davis eine Langlebigkeit, die bis heute anhält.

Tobias Rupprecht

Die sozialistischen Staaten und der Globale Süden. Vom Kalten Krieg zum Aufstieg des Populismus (1953–2020)

Eine weitverbreitete Vorstellung vom Zusammenhang zwischen Globalisierung und Staatssozialismus entspricht derjenigen, die die Zuschauer von Wolfgang Beckers Ostalgie-Komödie *Good Bye Lenin* gezeigt bekommen: Die aufrechte sozialistische Mutter des Protagonisten wird erst dann mit der Öffnung der DDR konfrontiert, als sie die Isolation ihres Krankenbetts im Plattenbau verlässt. Auf der Straße sind plötzlich westliche Autos zu sehen; und verwirrt blickt die Mutter auf eine Werbung des schwedischen Möbelhauses IKEA in Ostberlin. Auf das Ende der Selbstisolierung des Sozialismus folgt, in dieser Darstellung, die kapitalistische Globalisierung, mit allen ihren Verheißungen und Verirrungen.

Was der Film nicht zeigt, ist, dass Volkswagen und IKEA zur Zeit der Wende schon längst im Osten angekommen waren, allerdings versteckt vor dem Blick der Öffentlichkeit. Seit den frühen 1970er Jahren hatten zahlreiche westliche Unternehmen die DDR und darüber hinaus auch den Rest des sozialistischen Osteuropas als Niedriglohnländer entdeckt. Japanische Unternehmen errichteten 1976 das Internationale Handelszentrum in Ostberlin, das den Warenverkehr der DDR mit nicht-sozialistischen Staaten erleichtern sollte. Unterstützt von den kommunistischen Regierungen, die Zugang zu westlichem Kapital suchten, banden globale Unternehmen den Osten in ihre Wertschöpfungsketten ein – und ignorierten, dass dort gelegentlich auch politische Gefangene zu Zwangsarbeit verpflichtet wurden.[1]

---

[1] TOBIAS WUNSCHIK: Knastware für den Klassenfeind. Häftlingsarbeit in der DDR, der Ost-West-Handel und die Staatssicherheit 1970–1989. Göttingen 2014; Ikea ließ auch in Kubas Gefängnissen produzieren. In: *Frankfurter Allgemeine Zeitung* vom 2.5.2012.

Die meisten sozialistischen Länder und Gesellschaften waren also nicht hermetisch von der Außenwelt abgeschottet, wie man sich das im Westen oft dachte, sondern durchlebten bereits vor 1989 zwei sich überlappende Wellen von Globalisierung: Eine erste Form von Globalisierung war der sozialistische Internationalismus, der die Länder des Staatssozialismus seit den 1950er Jahren nicht nur untereinander näherbrachte, sondern auch mit zahlreichen Ländern in Ost- und Südasien, im Nahen Osten, in Afrika und Lateinamerika. Eine zweite Welle erfolgte durch die zunehmende Integration in globale wirtschaftliche und finanzielle Zusammenhänge nach den Spielregeln des Weltmarkts bereits ab den 1970er Jahren.[2]

Diese Form marktwirtschaftlicher Globalisierung noch während des Sozialismus war keine Einbahnstraße. Nachdem ehrgeizige Industrialisierungsprojekte unter sozialistischen Vorzeichen in den 1960er Jahren hinter den Erwartungen zurückblieben, half die DDR in den 1970er und 1980er Jahren beispielsweise umgekehrt beim Aufbau einer am Weltmarkt orientierten Kaffeeindustrie in Vietnam, das später zum weltweit zweitgrößten Exporteur aufstieg.[3] Ostdeutsche Ingenieure errichteten das erste Funktelefon-Netzwerk in Mexiko, das schließlich auch nach Algerien, Jemen und Madagaskar exportiert wurde (aber in der DDR selbst nicht zum Einsatz kam, da die Staatssicherheit Einwände gegen unkontrollierbare Kommunikation hatte).[4] Und unter Einbeziehung billiger chinesischer Arbeitskräfte baute die DDR Eisenbahnen im Irak.[5] Die Wahrung wirtschaftlicher Interessen war nun oft wichtiger als die sozialistische Moral: Vertragsarbeiter aus Mosambik mussten die Staatsschulden ihrer Regierung in der DDR abarbeiten; und hinter der offiziellen harschen

---

[2] JAMES MARK/BOGDAN C. IACOB/TOBIAS RUPPRECHT/LJUBICA SPASKOVSKA: 1989. A Global History of Eastern Europe. Cambridge u. a. 2019.

[3] BERND SCHAEFER: Socialist Modernisation in Vietnam. The East German Approach, 1976–1989. In: QUINN SLOBODIAN (HRSG.): Comrades of Color. East Germany in the Cold War World. New York 2015, S. 108.

[4] Telefontechnik. Ein Handy für die DDR. In: *Mitteldeutsche Zeitung* vom 1.4.2011.

[5] *Hungarian Exporter* vom 3.3.1983.

Verurteilung der Militärregierung Augusto Pinochets handelte die DDR weiter mit Chile.⁶

Zahlreiche ähnliche Beispiele für wirtschaftliche Verflechtungen sowohl mit dem Westen als auch mit den Ländern des Globalen Südens ließen sich für Osteuropa nennen. Das Jahr 1989, in dem Lenin »Good Bye« sagte, war also weniger der Beginn der Globalisierung Osteuropas, sondern eine Entscheidung für eine gewisse Form von Globalisierung, für die bereits seit den 1970er Jahren einige Weichen gestellt worden waren. Die West-Orientierung nach dem Zerfall des Ostblocks hatte ihre wirtschaftspolitischen Vorläufer, und sie bedeutete das Ende oder zumindest die vorläufige Einschränkung von anderen Beziehungen zur außereuropäischen Welt.

Diese anderen Beziehungen zur Welt liefen im Staatssozialismus unter der offiziellen Bezeichnung ›sozialistischer Internationalismus‹ – aber aus heutiger Sicht könnte man auch sie als eine Form der Globalisierung bezeichnen: ein zunehmender globaler Austausch von Gütern, Ideen und Menschen – nur eben innerhalb der sozialistischen Welt, die Ende der 1970er Jahre immerhin ein Drittel der Weltbevölkerung umfasste. Die Selbst-Isolierung der Stalin-Zeit war bereits Mitte der 1950er Jahre unter dem Eindruck der Dekolonisierung beendet worden. Zudem weckte die Unabhängigkeit vieler neuer Staaten, die historisch bedingt nicht gut auf Westeuropa zu sprechen waren, Hoffnungen auf anti-imperialistische Bündnisse und die Errichtung einer nicht-kapitalistischen, gerechteren Weltwirtschaft.

Ein Aspekt, der vielleicht weniger für die DDR (und auch nicht so sehr für die Tschechoslowakei) gilt, aber für andere osteuropäische Staaten: Es waren nicht nur überzeugte Kommunisten, sondern auch wirtschaftliche Eliten, die hier ein Entwicklungsmodell sahen, das helfen konnte, den historischen Status ihrer Länder als Hinterland oder Peripherie Westeuropas zu überwinden. Einige Ökonomen und Außenhandelsexperten sahen gar diese ›sozialistische Globalisierung‹ als den *wahren* Freihandel und schalten den Westen für seinen ›neokolonialen‹ Protektionismus, etwa mit der Agrarpolitik der

---

⁶ GEORG DUFNER: Chile als Partner, Exempel und Prüfstein. Deutsch-deutsche Außenpolitik und Systemkonkurrenz in Lateinamerika. In: *Vierteljahrshefte für Zeitgeschichte* 4 (2013), S. 513–49.

Europäischen Gemeinschaft oder mit den Exportbeschränkungen für militärisch verwendbare Güter in die sozialistische Welt über die so genannten CoCom-Listen.[7]

In der westlichen Forschung ist diese Form von Globalisierung, also der sozialistische Internationalismus, lange Zeit fast nicht wahrgenommen oder bestenfalls als ein historisches Kuriosum erwähnt worden, das niemand wirklich ernst nahm und das in den 1980er Jahren völlig versandete. In den letzten Jahren gab es allerdings einen regelrechten Boom an Forschungen zur Globalgeschichte der sozialistischen Welt. Dieses neue Interesse hat, wie so oft, wenn sich Ansätze in der historischen Forschung verändern, etwas mit der gegenwärtigen Geopolitik zu tun: Aus der Distanz, mehr als 30 Jahre nach dem Mauerfall, und unter dem Eindruck eines parallelen Aufschwungs populistischer Bewegungen, Parteien und Regierungen erscheinen diese Beziehungen zwischen Osteuropa und der ›Dritten Welt‹ in einem neuen Licht.

Die Reorientierung der Eliten Richtung Westen

Zunächst bedeutete aber die Transformationszeit der späten 1980er und frühen 1990er Jahre eine – zumindest zeitweilige – Abkehr vom Globalen Süden. Aus der zeitlichen Distanz und einer globalhistorischen Perspektive zeigt sich deutlich, dass ›1989‹ für die meisten sozialistischen Länder Ost- und Mitteleuropas weniger das Ende einer Selbstisolierung war, sondern der Höhepunkt einer immer stärkeren Orientierung gen Westen. Der Mauerfall und das Ende der Einparteienherrschaften brachten die endgültige Abgrenzung von einer Globalisierung, die auf Vorstellungen von Solidarität mit sozialistischen Bruderländern und der ›Dritten Welt‹ basierte, und

---

[7] JAMES MARK/YAKOV FEYGIN: The Soviet Union, Eastern Europe and Alternative Visions of a Global Economy 1950s–1980s. In: JAMES MARK/ARTEMY KALINOVSKY/STEFFI MARUNG (HRSG.): Alternative Globalizations. Eastern Europe and the Postcolonial World. Bloomington 2020; JOHANNA BOCKMAN: Socialist Globalisation against Capitalist Neocolonialism. The Economic Ideas behind the New International Economic Order. In: *Humanity* 6/1 (2015), S. 109–128.

eine stärkere Hinwendung zu einer bereits angelaufenen Globalisierung unter marktwirtschaftlichen Vorzeichen. Es waren wohl weniger die freiheitsliebenden Bevölkerungen Osteuropas, die es zur Marktwirtschaft drängte, sondern wirtschaftliche und politische Eliten. Die Einsicht, dass grundsätzliche wirtschaftliche Reformen unvermeidbar waren, hatte sich bei den meisten in den 1980er Jahren durchgesetzt. Viele führende Parteimitglieder – in Osteuropa wie in der Sowjetunion – zeigten sich nun für alle Entwicklungspfade offen, die ihnen selber eine Zukunft in Wohlstand und Freiheit versprachen. Dass ein solcher Übergang mit der Zulassung freier Wahlen möglich war, zeigte ihnen der Blick in den Globalen Süden. Von oben orchestrierte Übergänge vom Autoritarismus zur liberalen Demokratie hatten den alten Eliten der Militärdiktaturen in Südamerika, wie schon zuvor in Spanien, ebenfalls erlaubt, (zunächst) unbehelligt ihren Status und ihre wirtschaftlichen Privilegien über den Umbruch zu retten – der spanische Begriff der »transición« fand so Eingang in den (ost-)europäischen Sprachgebrauch.[8]

Eine Konsequenz der folgenden Abkehr vom Globalen Süden war allerdings auch ein ›Beiseiteräumen‹ der Erinnerung an den sozialistischen Internationalismus, der nun als ein Kuriosum abgehakt wurde – und gelegentlich auch ein ›Beiseiteräumen‹ mancher Menschen, die den sozialistischen Internationalismus repräsentierten. Westdeutschland bezahlte Vertragsarbeiter im Osten dafür, dass sie wieder in ihre Heimatländer zurückkehrten. Rassistische Übergriffe waren überall im Osteuropa der späten 1980er und frühen 1990er Jahre an der Tagesordnung. Teils waren diese politisch gesteuert, wie die Repressalien gegen bulgarische Muslime, die hunderttausende Menschen zur Flucht aus dem Land drängten. Meist waren es aber nationalistische Gruppierungen und Einzeltäter, von den Anschlägen auf Ausländerwohnheime in Ostdeutschland über antiziganistische Pöbeleien und Gewalttaten in großen Teilen Osteuropas bis zu gelegentlich tödlichen Angriffen auf afrikanische Studenten in der späten Sowjetunion und im Russland der 1990er Jahre.

---

[8] PHILIPP THER: Die neue Ordnung auf dem alten Kontinent. Eine Geschichte des neoliberalen Europa. Berlin 2014, S. 32.

Die Abwendung der Populisten vom liberalen Westen

Diese reine Westorientierung post-sozialistischer Staaten und Eliten in den 1990er Jahren ist heute passé. Man kann beobachten, wie nationalistische Populisten heute alte Verbindungen des sozialistischen Internationalismus wieder aktivieren: Russland unter dem ehemaligen sowjetischen Spion Wladimir Putin hat seine Militärbasis in Vietnam wiedereröffnet und plant neue in Ägypten, Eritrea und Mosambik; darüber hinaus engagiert es sich wie schon im Kalten Krieg sehr aktiv im Nahen Osten, vor allem in Syrien. Belarus unter dem ehemaligen sowjetischen Sowchosen-Chef Alexander Lukaschenko pflegt beste Beziehungen zu sozialistischen Regierungen in Lateinamerika, vor allem zu Kuba, Nikaragua und Venezuela.

Man sieht auch sehr deutlich, dass das aufstrebende China diese alten Verbindungen der ›sozialistischen Globalisierung‹ heute geostrategisch nutzt. Wie schon in den 1960er Jahren ist Peking aktiv involviert in vielen afrikanischen Ländern. Und um den Kontakt zu osteuropäischen Staaten und Unternehmen zu intensivieren, hat China 2012 in Warschau die sogenannte 16+1-Initiative gegründet, an der mit der Ausnahme Litauens und Ostdeutschlands alle ehemaligen sozialistischen Länder Osteuropas beteiligt sind. Diese bietet erleichterten Zugang zu chinesischen Krediten für große Infrastrukturprojekte, die wiederum von chinesischen Firmen errichtet werden. Das bekannteste Beispiel ist die Hochgeschwindigkeitseisenbahnstrecke von Budapest nach Belgrad, die irgendwann bis nach Piräus reichen soll, dessen Hafen bereits in chinesischem Besitz ist.[9]

Umgekehrt verweisen auch einige osteuropäische Eliten auf diese historischen Kontinuitäten und gemeinsamen Interessen vis-à-vis dem Westen. Das geschieht häufig auf dem Balkan, aber auch in Ungarn. Die dortige Regierung von Viktor Orbán hat beispielsweise eine ›westliche‹ Universität, die Central European University, aus dem Land gedrängt; stattdessen wird derzeit eine Filiale der chinesische Fudan Universität errichtet. Einige Bekanntheit erlangte Viktor Orbáns

---

[9] BARTOSZ KOWALSKI: China's Foreign Policy towards Central and Eastern Europe. The 16 +1 Format in the South–South Cooperation Perspective. Cases of the Czech Republic and Hungary. In: *Cambridge Journal of Eurasian Studies* 1 (2017), S. 7.

Rede zum 25. Jahrestag des Mauerfalls, in der er nicht nur die Schaffung einer ›illiberalen Demokratie‹ versprach, sondern auch Ungarns ›Öffnung zum Osten‹ verkündete und dabei Länder wie China, Russland, Singapur und die Türkei als Partner und Inspiration nannte – eine Art Rückkehr zum Globalen Süden.

Bei aller antikommunistischen Rhetorik setzen Osteuropas Populisten also gewisse anti-westliche Traditionen des Spätsozialismus fort, oft auch mit ehemaligen kommunistischen Eliten im Staats- und Parteiapparat. Dieses scheinbare Paradox hat historische Fluchtlinien: Wenn es etwas gibt, was den kulturell heterogenen Raum vom Baltikum bis Mazedonien definiert, dann ist es ein Selbstverständnis als ›dazwischen‹ und ein historisches Changieren der lokalen Eliten, seien sie Nationalisten oder Kommunisten, zwischen Anlehnung an den Westen und seiner Ablehnung. Nach der Wendung zum Globalen Süden in den 1960er Jahren und einem Vierteljahrhundert deutlicher Westorientierung ab den 1980er Jahren sind viele der jetzigen Machthaber wieder auf Distanz zum Westen gegangen.[10]

Ähnlich wie die kommunistischen Eliten der 1950er und 1960er Jahre nehmen die heutigen Populisten Anstoß an der vermeintlichen Degradierung Osteuropas zum kulturellen und wirtschaftlichen Hinterhof Westeuropas. So, wie die Kommunisten dem kapitalistischen Westen die Schuld für die Unterentwicklung des Ostens gaben und stattdessen antiimperialistische Bündnisse mit dem Globalen Süden schmiedeten, so orientieren sich einige nationalistische Regierungen in postsozialistischen Staaten in Richtung vermeintlich gleichgesinnter Regime der nichtwestlichen Welt.[11]

Was motivierte diese erneute Reorientierung mancher osteuropäischer Eliten? Ein Grund ist sicherlich, dass der Westen nicht mehr so bedingungslos attraktiv erscheint wie in den 1990er Jahren. Dazu haben die Finanz- und Wirtschaftskrisen seit 2008 beigetragen, aber

---

[10] JAMES MARK/TOBIAS RUPPRECHT: The Socialist World in Global History. From Absentee to Victim to Co-Producer. In: MATTHIAS MIDDELL (HRSG.): The Practice of Global History. European Perspectives. London u. a. 2020, S. 81–113.

[11] BOGDAN IACOB/JAMES MARK/TOBIAS RUPPRECHT: The struggle over 1989. The rise and contestation of eastern European populism. In: *Eurozine* vom 3.9.2019; TOBIAS RUPPRECHT: Eine fundamentale Liberalisierung der osteuropäischen Gesellschaften blieb aus. In: *Neue Zürcher Zeitung* vom 20.10.2019.

auch enorme soziokulturelle Veränderungen im Westen, die viele Menschen in Osteuropa nicht mitgehen wollen. In Fragen staatsbürgerlicher Identität, der Haltung zu außereuropäischer Immigration und in Geschlechter- und Familienvorstellungen hat sich weniger der Osten geändert als die städtischen Eliten im Westen.

Der globale Vergleich von populistischen Bewegungen in Osteuropa und einigen Ländern des Globalen Südens zeigt aber noch eine weitere Triebfeder dieser Entwicklungen. Sehr viele Länder, in denen populistische Bewegungen besonders virulent sind, teilen die historische Erfahrung einer elitengeführten Transition vor einer Generation, oft vom autoritären Kommunismus zur liberalen Demokratie, in einigen Fällen auch von anderen Formen autoritärer Herrschaft, etwa in mehreren Staaten Südamerikas oder in Südafrika. Eine Gemeinsamkeit in all diesen Ländern ist eine weitverbreitete Stimmung gegen die liberalen Eliten des Landes, die sich im Übergang zur Demokratie vor 30 Jahren durchgesetzt haben. Im Duktus der Populisten, die aus dieser Stimmung politisches Kapital schlagen, heißt das: diejenigen, welche sich gegen die ›wahren‹ Interessen des Volkes verschworen haben, indem sie um 1990 herum mit den alten autoritären Eliten paktiert haben.[12]

Es gibt also heute in Osteuropa wie im Globalen Süden eine unter vielen Manschen verbreitete Wahrnehmung, die vermutlich auch nicht ganz falsch ist: nämlich die, dass andere mehr profitiert haben von der Transition als man selbst und dass die eigenen Vorstellungen und Werte von den neuen liberalen Eliten nicht genügend respektiert wurden. Das gilt für Polen, Ungarn und Rumänien, das gilt aber auch für Chile, die Philippinen oder Südafrika.

Der Aufstieg des Populismus ist dabei natürlich nicht beschränkt auf Osteuropa oder ehemalige sozialistische Länder – man denke nur an Trump, den Brexit, Salvini und Le Pen. Was sie alle gemeinsam haben, ist, dass sie Reaktionen sind auf enorme kulturelle Veränderungen und Globalisierungsschübe, in denen sich viele Menschen als relative Verlierer fühlen. Aber in postsozialistischen Ländern sind

---

[12] PAUL BETTS: 1989 at Thirty. A Recast Legacy. In: *Past and Present* 1 (2019), S. 271–305; JAMES MARK: The Unfinished Revolution. Making Sense of the Communist Past in Central-Eastern Europe. New Haven u. a. 2010.

derartige Bewegungen und Regierungen schon früher entstanden – oft noch etwas einflussreicher und radikaler. Der Grund dafür liegt vermutlich in einer Kombination aus einer besonders dramatischen Transitionserfahrung und Hinterlassenschaften des Staatssozialismus mit Blick auf die politische Kultur. Darunter fallen eine gewisse Erwartungshaltung an den Staat, die oft enttäuscht wurde, aber auch eine politisch genährte Skepsis gegenüber dem Westen und liberalen soziokulturellen Werten.

Ostdeutschland teilt einige dieser mentalen Hinterlassenschaften mit anderen postsozialistischen Ländern Osteuropas, unterscheidet sich aber auch in einigen Aspekten. Auf der einen Seite ist auch die AfD im Osten deutlich erfolgreicher und auch um einiges radikaler als im Westen. Direkte personelle Kontinuitäten zum Staatssozialismus und die Reaktivierung der ›sozialistischen Globalisierung‹ durch die Populisten sind aber weniger stark ausgeprägt als etwa in Ungarn oder gar in Russland. Die AfD hat zwar ein paar alte Stasi-Offiziere in ihren Reihen und es gibt Bemühungen, gute Beziehungen zur PiS-Regierung in Polen, zu Viktor Orbán in Ungarn und – zumindest bis zur Invasion der Ukraine – zu Putins Russland zu pflegen. Es gibt aber keine Hinweise darauf, dass die AfD alte DDR-Verbindungen in den Globalen Süden reaktiviert. Im Gegensatz zu Orbán ist es bei ihrer Parteileitung kaum vorstellbar, dass nicht-europäische Potentaten wie Recep Tayyip Erdoğan oder Xi Jinping als Inspiration genannt werden. Bei China war man sich innerhalb der Partei lange uneins, es scheinen sich aber die Skeptiker durchgesetzt zu haben, die einen härteren Kurs gegen chinesische Aktivitäten in Deutschland fordern. Im Gegensatz zu ihren Gesinnungsgenossen in den meisten anderen post-sozialistischen Staaten Osteuropas will die AfD offensichtlich mit dem Globalen Süden so wenig wie möglich zu tun haben.

Eric Burton

Die globale Entwicklungsarbeit der DDR.
Ein Mosaik am Beispiel Sansibars

1. Einleitung

Im Laufe der ersten Hälfte des 20. Jahrhunderts und verstärkt mit der Beschleunigung des Dekolonisierungsprozesses in den 1950er Jahren bildete sich ein globales Feld der Entwicklungspolitik und Entwicklungsarbeit heraus, auf dem eine Vielzahl von Akteuren aus sämtlichen Teilen der Erde beteiligt war, um konkurrierenden Gesellschaftsmodellen Geltung zu verschaffen, Lebensbedingungen zu verbessern und eigene Interessen zu verfolgen. Auch die DDR war mit Personalentsendungen, Projekten und anderen Praxisformen engagiert, mittels entwicklungspolitischer Maßnahmen diplomatische und wirtschaftliche Ziele zu verfolgen und die formulierten Ansprüche antiimperialistischer Solidarität in die Tat umzusetzen. Eines der intensivsten entwicklungspolitischen Engagements der DDR war jenes zwischen 1964 und 1970 in Sansibar.

Sansibar galt aus Sicht der DDR-Führung nicht nur als wichtiger politischer Partner für die diplomatische Anerkennung jenseits der sozialistischen Staaten, die durch die Bonner Hallstein-Doktrin seit 1955 effektiv verhindert wurde, und als »Brückenkopf« für den Sozialismus in Ostafrika. Als übersichtlicher Archipel mit einer relativ geringen Bevölkerung von 300.000 Menschen schien es auch geeignet als Modell, um die Leistungsfähigkeit sozialistischer Technologie und Solidarität zu demonstrieren – nicht zuletzt im Wettbewerb mit der westdeutschen Entwicklungshilfe auf dem tansanischen Festland, nur eine kurze Bootsfahrt von Sansibar entfernt.

Wer Sansibar heute besucht, kann die materiellen Spuren der DDR-Entwicklungsarbeit kaum übersehen. Insbesondere die drei- bis achtgeschossigen Wohnblöcke in Ng'ambo, Michenzani oder Kikwajuni, teils bis zu 300 Meter lang, sind deutliche Zeugnisse dieser kurzen, aber intensiven Zusammenarbeit. Diese Wohnbauten waren eines der Wunschprojekte des sansibarischen Präsidenten Abeid Amani Karume, um Sansibar zu modernisieren.

Abb. 1: Erstes DDR-Wohnbauprojekt in Kilimani auf Sansibar.

Wiederholt besuchte er höchstpersönlich die Baustellen und stritt mit DDR-Architekten über Pläne und deren Umsetzung.[1] Auch in einer Reihe anderer Kooperationsfelder kam es zu Spannungen.[2] 1970 brachte Karume dann in einer öffentlichen Rede vor sansibarischen Eliten und dem versammelten Korps ausländischer Diplomaten eine deutliche Kritik an:

---

[1] LUDGER WIMMELBÜCKER: Architecture and City Planning Projects of the German Democratic Republic in Zanzibar. In: The Journal of Architecture 17 (2012) 3, S. 407–432; GARTH A. MYERS: Making the Socialist City of Zanzibar. In: Geographical Review 84 (1994) 4, S. 451–464.

[2] LUDGER WIMMELBÜCKER: Zur Entwicklung der Beziehungen zwischen der DDR und Sansibar in den 1960er Jahren. In: ULRICH VAN DER HEYDEN/FRANZISKA BENGER (HRSG.): Kalter Krieg in Ostafrika. Die Beziehungen der DDR zu Sansibar und Tansania. Berlin 2009, S. 185–212.

»In der Politik haben wir ständig Erfolge erreicht, aber in der Ökonomie haben uns die ausländischen Experten alles verdorben [...] Die ausländischen Ökonomie- und Finanzexperten haben unsere Wirtschaft nahe an den Bankrott gebracht. Ökonomie- und Finanzexperte bei uns kann nur sein, der jedem Bürger zu essen und zu trinken sowie eine Schlafstätte verschafft.«[3]

Karume erwähnte nicht explizit, welche Experten er meinte – es gab zu dieser Zeit zum Beispiel auch chinesische Berater in Sansibar. Die anwesenden DDR-Funktionäre waren sich aber sicher, dass Karume das ostdeutsche Personal meinte – und tatsächlich wurden auslaufende Verträge mit einem Wirtschaftsberater, medizinischem Personal und Lehrer*innen in den Jahren 1970 und 1971 (und teils schon zuvor) nicht mehr verlängert.[4] Dieses abrupte Ende legt die Frage nahe, ob die DDR-Entwicklungsarbeit in Sansibar scheiterte.

Die Bewertung der DDR-Entwicklungsarbeit fällt je nach Perspektive sehr unterschiedlich aus. In der historischen Forschung haben etwa Young-Sun Hong oder Hubertus Büschel betont, dass die DDR-Projekte in Sansibar letztlich an einer Reihe von Problemen scheiterten.[5] Ihnen gegenüber steht zum Beispiel Ulrich van der Heyden, der das DDR-Engagement als grundlegend gelungen ansieht und einzelne Aspekte sogar als »entwicklungspolitischen Selbstläufer« bezeichnet hat.[6] Wie kommt es zu diesen derart gegensätzlichen

---

[3] Zit. nach ERIC BURTON: In Diensten des Afrikanischen Sozialismus. Tansania und die globale Entwicklungsarbeit der beiden deutschen Staaten, 1961–1990. Berlin/Boston 2021. Online verfügbar unter URL: https://www.degruyter.com/document/doi/10.1515/9783110705621/html (letzter Zugriff: 14.09.2022), S. 377. Siehe ebd. für eine ausführlichere Analyse dieses Zitats und des weiteren Kontextes.

[4] YOUNG-SUN HONG: Cold War Germany, the Third World, and the Global Humanitarian Regime. New York 2015, S. 308. Eine Ausnahme war die weiterhin fortgeführte Zusammenarbeit mit dem MfS. Siehe zum MfS auch den Beitrag von Anna Warda in diesem Band.

[5] YOUNG-SUN HONG: Cold War Germany, the Third World, and the Global Humanitarian Regime (wie Anm. 4), Kapitel 9; HUBERTUS BÜSCHEL: Hilfe zur Selbsthilfe. Deutsche Entwicklungsarbeit in Afrika 1960–1975. Frankfurt am Main 2014, S. 481.

[6] ULRICH VAN DER HEYDEN: FDJ-Brigaden der Freundschaft aus der DDR – die Peace Corps des Ostens? In: BERTHOLD UNFRIED/EVA HIMMELSTOSS (HRSG.): Die eine

Einordnungen? Eine wichtige Rolle spielen dabei natürlich unterschiedliche theoretische Ausgangspunkte und Bewertungsmaßstäbe. Ich halte es daher für verkürzt und sogar irreführend, zu fragen, ob »die« DDR-Entwicklungsarbeit nun effektiv war oder nicht; ob sie sich als »nachhaltig« erwiesen hat oder nicht; ob sie erfolgreich war oder scheiterte. Derartige Urteile sagen letztlich mehr über die eigenen Maßstäbe als über die komplexen Realitäten aus. Historisch produktiv ist eher, die damaligen Erwartungshorizonte verschiedener Akteure zu klären und strukturelle Bedingungen der Entwicklungsarbeit in Betracht zu ziehen, um die Praktiken und deren Bewertungen besser zu verstehen.

Ich werde im Folgenden auf weitere Beispiele aus den Beziehungen zwischen der DDR und Sansibar sowie auf ausgewählte strukturelle Aspekte der Entwicklungsarbeit eingehen. Mein Ziel ist, auf diese Weise ein differenziertes Bild der DDR-Entwicklungsarbeit im Globalen Süden zu vermitteln und deutlich zu machen, auf welcher Quellengrundlage dieses Bild entsteht, das sich wohl am ehesten als Mosaik bezeichnen lässt.[7] Zuerst gilt es jedoch, einige Begriffe und Kontexte zu klären.

2. Begriffe und Strukturen

Den Begriff »Entwicklungsarbeit« gab es in der DDR nicht. Er stammt in erster Linie aus der sozial- und geisteswissenschaftlichen Forschung und wird hier verwendet, um das Augenmerk auf Praktiken

---

Welt schaffen. Praktiken von »Internationaler Solidarität« und »Internationaler Entwicklung«. Leipzig 2012, S. 99–122, hier S. 115.

[7] Zur Vertiefung dieser Aspekte siehe auch diese Sammelbände: ULRICH VAN DER HEYDEN/ILONA SCHLEICHER/HANS-GEORG SCHLEICHER (HRSG.): Die DDR und Afrika. Zwischen Klassenkampf und neuem Denken. Münster 1993; DIES. (HRSG.): Engagiert für Afrika. Die DDR und Afrika II. Münster 1994; QUINN SLOBODIAN (HRSG.): Comrades of Color. East Germany in the Cold War World. New York 2015; ERIC BURTON/ANNE DIETRICH/IMMANUEL R. HARISCH/MARCIA C. SCHENCK (HRSG.): Navigating Socialist Encounters. Moorings and (Dis)Entanglements Between Africa and East Germany During the Cold War. Berlin/Boston 2021. Online verfügbar unter URL: https://doi.org/10.1515/9783110623543 (letzter Zugriff: 14.09.2022).

und »Feinstrukturen der Umsetzung«[8] zu legen, die mit dem Thema Entwicklung verbunden sind. Entwicklung selbst war (und ist) ein umkämpftes Konzept, das von verschiedenen Akteuren mit unterschiedlichen Bedeutungen gefüllt und mit vielfältigen Ansprüchen verbunden wurde. Das Gleiche gilt für den Begriff des Sozialismus.

Im Kontext des Kalten Krieges und der Dekolonisierung erachteten Eliten in zahlreichen postkolonialen Ländern den Sozialismus jedenfalls durchaus als vielversprechendes Modell, nicht zuletzt, weil Kapitalismus und Kolonialismus eng miteinander verknüpft waren und in den Augen mancher wenig Aussichten bestanden, mit einer kapitalistischen Entwicklungsstrategie die Lebensbedingungen der breiten Bevölkerung zu verbessern. Die sozialistischen Länder Osteuropas wie auch China positionierten sich insbesondere auf dem Feld der Entwicklungspolitik als Modell – gleichzeitig kam es in den 1950er und 1960er Jahren zur Herausbildung verschiedenster Sozialismusexperimente im Globalen Süden, deren Leitlinien oft erheblich von marxistisch-leninistischen Doktrinen abwichen oder sich gar explizit davon distanzierten.[9]

In der DDR gab es keinen klar abgegrenzten Bereich oder spezifische Institutionen für Entwicklungspolitik und Entwicklungsarbeit. Einige Aspekte, wie etwa der Aufbau einer »Auslandskaderreserve« und die Korrespondenz mit den Entsandten, oblagen in erster Linie den Ministerien. Für die Entsendung selbst war jedoch die Außenhandelsfirma Limex (bzw. Intercoop) zuständig. Diese Firma bekam auch die Gehälter überwiesen, die von den Gastländern gezahlt wurden. Die vertraglichen Grundlagen für die Zusammenarbeit – meist Abkommen über die sogenannte »Wissenschaftlich-Technische

---

[8] BERTHOLD UNFRIED: Instrumente und Praktiken von »Solidarität« Ost und »Entwicklungshilfe« West. Blickpunkt auf das entsandte Personal. In: DERS./EVA HIMMELSTOSS (HRSG.): Die eine Welt schaffen (wie Anm. 6), S. 73.

[9] ERIC BURTON: Socialisms in Development. Revolution, Divergence and Crisis, 1917–1991. In: *Journal für Entwicklungspolitik* 33 (2017) 3, S. 4–20. Online verfügbar unter URL: https://doi.org/10.20446/JEP-2414-3197-33-3-4 (letzter Zugriff: 14.09.2022); JAMES MARK/TOBIAS RUPPRECHT: The Socialist World in Global History. From Absentee to Victim to Co-Producer. In: MATTHIAS MIDDELL (HRSG.): The Practice of Global History. European Perspectives. London 2019, S. 81–115; ERIC BURTON/STEFFI MARUNG/JAMES MARK: Development. In: JAMES MARK/PAUL BETTS: Socialism Goes Global: The Soviet Union and Eastern Europe in the Age of Decolonisation. Oxford 2022, S. 75–114.

Zusammenarbeit« (WTZ) oder »Kulturell-Wissenschaftliche Zusammenarbeit« (KWZ) – waren zuvor bereits zwischen RGW-Ländern genutzt worden. Die Entwicklungsarbeit der DDR hat somit keinen eindeutigen Beginn, klar ist aber, dass mit den Einsätzen in Albanien oder China sowie und in arabischen und westafrikanischen Ländern im Laufe der 1950er Jahre eine deutliche geographische Expansion und Diversifizierung über das sozialistische Lager hinaus stattfand.

Auf DDR-Seite war die Entwicklungsarbeit in die Rhetorik internationaler Solidarität eingebettet – gleichzeitig gab es aber auch Bemühungen, die DDR in technokratischer (anstelle von politischer) Hinsicht als erfolgreich darzustellen. Nicht trennscharf waren die Linien zwischen der sogenannten »sozialistischen Hilfe« und dem Handel. Westliche Entwicklungshilfe galt aus DDR-Sicht als Alimentierung von Ausbeutungsbeziehungen. Sozialistische Hilfe hingegen wurde so verstanden, dass sie die Modalitäten des Handels mit einschloss. Entwicklungspolitik war also kein konzeptuell oder institutionell getrennter Sektor wie in der westlichen Entwicklungshilfe (wenngleich auch dort Exportinteressen die konkrete Ausformung von Projekten und Kreditvergaben mitbestimmten).

Ab 1977 lässt sich eine stärkere Ökonomisierung und Kommerzialisierung der DDR-Entwicklungsarbeit konstatieren, als die entscheidenden SED-Wirtschaftsfunktionäre wie Günter Mittag zunehmenden Einfluss auf die Gestaltung der Beziehungen mit Asien, Afrika und Lateinamerika nahmen, um die Wirtschaftskrise der DDR auch durch eine Neuausrichtung der Südpolitik zu bearbeiten.[10] Das hieß in der Praxis: Vorhaben wurden nun so ausgerichtet, dass gezielt Exportmärkte für DDR-Erzeugnisse wie den LKW W50 erschlossen wurden und andererseits Zugang zu Devisen bzw. Rohstoffen und landwirtschaftlichen Produkten gesichert wurde, um Versorgungsengpässe zu überwinden und alternative Bezugsquellen auf dem Weltmarkt zu eröffnen. Zu den begehrten Handelsgütern zählten etwa angolanisches Öl, mosambikanische Kohle oder Kaffee aus Äthiopien und Vietnam. Entwicklungspolitische Interventionen wurden an diese

---

[10] HANS-JOACHIM DÖRING: Es geht um unsere Existenz. Die Politik der DDR gegenüber der Dritten Welt am Beispiel von Mosambik und Äthiopien. Berlin 1999.

Handelsinteressen gekoppelt.[11] Das heißt nicht, dass plötzlich überall nur noch kommerzielle Gesichtspunkte zählten – aber ökonomische Kosten-Nutzen-Rechnungen, in denen in erster Linie die Bilanz auf DDR-Seite stimmen musste, waren nun an der Tagesordnung. Für die Beziehungen mit Sansibar in den 1960er Jahren war das noch nicht der Fall.

Es lässt sich also festhalten: Die Entwicklungsarbeit der DDR war ein bedeutender und umfassender Bestandteil der Beziehungen zum Globalen Süden und eng mit diplomatischen und handelspolitischen Erwägungen verbunden; der konkrete »Mix« von Interessen war jedoch je nach Zeit und Region sehr unterschiedlich.

3. Quellenbestände

Welche Möglichkeiten gibt es, etwas über die Formen und Wahrnehmungen der »globalen Entwicklungsarbeit« der DDR in Erfahrung zu bringen? Einerseits verfassten Entsandte – die sogenannten »Auslandskader« – in vielen Fällen Berichte. Auch die Botschaften, die eine Doppelstruktur mit den Parteiorganisationen vor Ort bildeten, unterhielten Korrespondenzen; hinzu kommen Berichte aus den Beständen des Ministeriums für Staatssicherheit. Involviert in entwicklungspolitische Aufgaben waren auch die »Massenorganisationen« wie der FDGB oder die FDJ. Die FDJ entsandte zwischen 1964

---

[11] ANNE DIETRICH: Zwischen solidarischem Handel und ungleichem Tausch. Zum Südhandel der DDR am Beispiel des Imports kubanischen Zuckers und äthiopischen Kaffees. In: *Journal für Entwicklungspolitik* 30 (2014) 3, S. 48–67; DIES.: Kaffee in der DDR – »Ein Politikum ersten Ranges«. In: CHRISTIANE BERTH/DOROTHEE WIERLING/VOLKER WÜNDERICH (HRSG.): Kaffeewelten. Historische Perspektiven auf eine globale Ware im 20. Jahrhundert. Göttingen 2015, S. 225–248; IMMANUEL HARISCH: Bartering Coffee, Cocoa and W50 Trucks. The Trade Relationships of the GDR, Angola and São Tomé in a Comparative Perspective. In: *Global Histories: A Student Journal* 3 (2017) 2, S. 43–60; ANDREW KLOIBER: Coffee, East Germans and the Cold War World, 1945–1990. PhD dissertation. McMaster University. Hamilton/Kanada 2017; BERTHOLD UNFRIED: Friendship and Education, Coffee and Weapons. Exchanges Between Socialist Ethiopia and the German Democratic Republic. In: *Northeast African Studies* 16 (2016) 1, S. 15–38.

und 1989 über 60 »Brigaden der Freundschaft« in 26 außereuropäische Länder von Kuba über Sansibar und Äthiopien bis Vietnam.[12]

Von westlicher Seite wurden DDR-Auslandskader und selbst diese »Brigaden der Freundschaft« mit tiefem Misstrauen betrachtet. So schrieb ein westlicher Beobachter 1979, bei den »Brigaden der Freundschaft« handele es sich »[i]n Wirklichkeit« um »Militärspezialisten, die in Uniformen der FDJ militärische Probleme in der Dritten Welt im Sinne des Marxismus-Leninismus lösen.«[13] In der Realität unterschieden sich die Einsatzbereiche, darunter Landwirtschaft, Infrastrukturprojekte, medizinische Versorgung oder Bildungssektor, kaum von westlichen Entsendeformen – nicht zuletzt, da die Regierungen im Globalen Süden natürlich (mit-)entschieden, in welchen Sektoren ausländisches Personal rekrutiert werden sollte. Der Alltag der Brigaden ist in den semi-offiziellen und kollektiv verfassten Brigadetagebüchern dokumentiert.[14]

DDR-Auslandskader versuchten oft, sich mit einem technokratischen Verständnis von Entwicklung zu positionieren und heikle politische Diskussionen somit zu umgehen. Es wäre jedoch falsch, die Entwicklungsarbeit und Entsendepraktiken der DDR völlig mit westlichen Entwicklungshilfepraktiken gleichzusetzen: So gab es (was zum Teil auch für andere sozialistische Entsendeländer zutrifft) deutlich strengere Disziplinierungsmuster, etwa im Bereich persönlicher Kontakte während des Einsatzes und hinsichtlich der Reisefreiheit.

---

[12] ULRICH VAN DER HEYDEN: FDJ-Brigaden der Freundschaft aus der DDR (wie Anm. 6); ERIC BURTON: Solidarität und ihre Grenzen. Die »Brigaden der Freundschaft« der DDR. In: FRANK BÖSCH/CAROLINE MOINE/STEFANIE SENGER (HRSG.): Internationale Solidarität. Globales Engagement in der Bundesrepublik und der DDR. Göttingen 2018, S. 152–185.

[13] KARL BREYER: Moskaus Faust in Afrika. Stuttgart 1979, S. 266 f., zit. nach: HANS-JOACHIM SPANGER/LOTHAR BROCK: Die beiden deutschen Staaten in der Dritten Welt. Die Entwicklungspolitik der DDR. Eine Herausforderung für die Bundesrepublik Deutschland? Opladen 198, S. 218.

[14] Zu diesem Quellentyp siehe IMMANUEL HARISCH/ERIC BURTON: Sozialistische Globalisierung. Tagebücher der DDR-Freundschaftsbrigaden in Afrika, Asien und Lateinamerika. In: *Zeithistorische Forschungen* 17 (2020) 3, S. 578–591. Online verfügbar unter URL: https://zeithistorische-forschungen.de/3-2020/5890 (letzter Zugriff: 14.09.2022); PAUL SPRUTE: Diaries of Solidarity in the Global Cold War. The East German Friendship Brigades and Their Experience in ›Modernizing‹ Angola. In: ERIC BURTON U. A. (HRSG.): Navigating Socialist Encounters (wie Anm. 7), S. 293–318.

Nicht zuletzt stellte auch die sogenannte »Auslandsinformation« einen integralen Teil der Direktiven für Auslandskader dar. Dazu zählten Maßnahmen wie politische Gespräche mit Kolleg*innen und politischen Entscheidungsträger*innen im Gastland, das Zeigen von DDR-Filmen und Ausstellungen über ostdeutsche Errungenschaften, etwa im Bildungswesen. Das Entwicklungspersonal war also stets auch angehalten, diese diplomatisch-agitatorische Rolle zu erfüllen. In Sansibar etwa waren diese Aktivitäten anfangs noch willkommen, ab etwa 1967 aber teils verboten. Auch diese Widersprüche sind in DDR-Archiven überliefert.

Schließlich bieten private Archive (die zum Beispiel private Briefwechsel und Fotoalben[15] umfassen) Einblicke, die in offiziellen Archiven verwehrt bleiben. Tagebücher durften, wie mir ehemalige Diplomaten und andere Auslandskader mitteilten, offiziell nicht verfasst werden, um im Kontext des Kalten Krieges die Gefahr von Spionage zu minimieren. Im Falle mancher Entsendeländer wie Tansania oder Angola haben sich Erinnerungsgemeinschaften ehemaliger Auslandskader herausgebildet. Diese Gemeinschaften existieren bis heute, etwa im Rahmen von regelmäßigen Zusammenkünften oder durch den Austausch in eigenen Online-Foren.[16]

Für die DDR-Seite sind also zeitgenössische wie retrospektive Quellen für viele Einsatzbereiche und -länder gut dokumentiert. Wie steht es aber um die Perspektiven von Akteuren aus dem Globalen Süden? In den Einsatzländern gibt es natürlich Archive, die bisher – bisweilen aufgrund von Schwierigkeiten bei der Zugänglichkeit – leider nur für vereinzelte historische Arbeiten die Grundlage bilden; auch die Kooperation mit Forscher*innen aus Ländern, mit denen die DDR intensive Beziehungen unterhielt, ist noch stark ausbaufähig.[17]

---

[15] KATRIN BAHR: Between State Mission and Everyday Life: Private Photographs of East Germans in Mozambique in the 1980s. In: ERIC BURTON U. A. (HRSG.): Navigating Socialist Encounters (wie Anm. 7), S. 319–349.

[16] So zum Beispiel das Angola-Forum. Online abrufbar unter URL: http://www.angola-forum.de (letzter Zugriff: 14.09.2022).

[17] HAILE G. DAGNE: Das entwicklungspolitische Engagement der DDR in Äthiopien. Eine Studie auf der Basis äthiopischer Quellen. Münster 2004. Zu den Beziehungen mit Äthiopien siehe auch: EWALD WEISER (HRSG.): DDR-Bildungshilfe in Äthiopien. Interaktive Erkenntnisse, Erfahrungen und Eindrücke. Berlin 2013; TESFAYE SEMELA/INGRID MIETHE: East Germany in the Horn of Africa.

Geht man allerdings von diesen Quellenbeständen aus, verschiebt sich automatisch auch der Fokus: Die DDR ist dann ein Land unter anderen, ostdeutsche Ärztinnen oder Universitätslehrer werden zu einem kleinen Bestandteil von oft sehr heterogenen und internationalen Settings.

Darüber hinaus besteht die Möglichkeit, Zeitzeugeninterviews durchzuführen und bereits publizierte Erinnerungen heranzuziehen. Besonders umfassend sind die Perspektiven auf die DDR vor allem bei jenen, die in der DDR ausgebildet wurden oder studiert haben. Dazu gehören auch einige Sansibaris, etwa der Schriftsteller Adam Shafi, der an der Gewerkschaftshochschule in Bernau im Jahr 1961 eine Ausbildung absolvierte. In Schilderungen von Alumni ostdeutscher Bildungsinstitutionen gibt es durchaus kritische Perspektiven, zahlreiche Narrative sind jedoch vorwiegend von »Ostalgie« geprägt, also der Erinnerung an positive Erfahrungen und gesellschaftliche Aspekte in der DDR.[18] Mit diesem kurzen Hinweis auf das Erkenntnispotenzial verschiedener Quellen kehren wir nun wieder zu der Frage zurück, wie die DDR-Entwicklungsarbeit in Sansibar umgesetzt und wahrgenommen wurde.

4. Praktiken und Wahrnehmungen

Ein bedeutender Sektor der Zusammenarbeit war das Gesundheitswesen.[19] Die Kinderärztin Ruth Radvanyi war von 1964 bis 1966 auf der Insel Pemba (die zum Sansibar-Archipel gehört) tätig. Sie erinnerte

---

Reflections on the GDR's Educational Intervention in Ethiopia, c. 1977–1989. In: *History of Education* 50 (2021) 5, S. 663–684.

[18] ALEXANDRA PIEPIORKA/EDUARDO F. BUANAISSA: A (Post)Socialist Memory Space? East German and Mozambican Memories of Cooperation in Education. In: ERIC BURTON U. A. (HRSG.): Navigating Socialist Encounters (wie Anm. 7), S. 351–385; MARCIA C. SCHENCK: A Chronology of Nostalgia. Memories of Former Angolan and Mozambican Worker Trainees to East Germany. In: *Labor History* 59 (2018) 3, S. 352–374; THOMAS VOGEL/THOMAS KUNZE (HRSG.): Ostalgie international. Erinnerungen an die DDR von Nicaragua bis Vietnam. Berlin 2010.

[19] Für weitere Fallstudien in diesem Bereich siehe auch die Arbeiten von IRIS BOROWY, zum Beispiel: Medical Aid, Repression, and International Relations. The East German Hospital at Metema. In: *Journal of the History of Medicine and Allied Sciences* 71 (2016) 1, S. 64–92.

sich daran, dass sie von einem indischen Arzt empfangen wurde, der froh gewesen sei, dass sie kam,»da er, nachdem die Engländer ›rausgeschmissen‹ worden waren, auch die Kinder behandeln musste.«[20] Mit anderen Worten: Berichten von Radvanyi und anderen zufolge waren DDR-Fachkräfte in einer Situation akuter Personalknappheit mehr als willkommen. Herkunft und politische Affiliationen spielten dabei in den Einsatzbereichen womöglich nur eine marginale Rolle. Die Personalknappheit war einerseits meist strukturell bedingt: Die Kolonialmächte hatten kaum in Bildung investiert und Einheimische von Leitungspositionen im Staatsapparat über Jahrzehnte hinweg exkludiert.[21] Hinzu kam, dass die meisten postkolonialen Regierungen den Staatsapparat und soziale Dienstleistungen wie Bildung und Gesundheitswesen rasant ausbauten, um Versprechungen besserer Lebensbedingungen einzulösen. Dadurch stieg der Personalbedarf weiter rasant an. Besonders akut war die Situation nach politischen Umstürzen. Neben den oft konfliktiven Prozessen im Zuge der Unabhängigkeitserklärungen kam es in mehreren Ländern gar zu Revolutionen. Die Revolution 1964 in Sansibar ging mit der Auswanderung von etwa 30.000 Personen einher, darunter zahlreiche spezialisierte Fachkräfte. Die Unabhängigkeit Mosambiks und Angolas 1975 war mit einem Exodus von portugiesischem Personal verbunden, und in den Jahren nach der Revolution in Äthiopien 1974 kehrten nicht nur westliche *expatriates*, sondern auch viele Äthiopier*innen dem Land den Rücken.

Die meisten postkolonialen Regierungen versuchten auf diese Personalknappheit pragmatisch zu reagieren, was in der Praxis bedeutete, dass Fachpersonal aus den USA, der Sowjetunion, der

---

[20] FRANZISKA BENGER: Interview mit Ruth Radvanyi: Zwei Jahre als Ärztin auf Pemba. In: ULRICH VAN DER HEYDEN/FRANZISKA BENGER (HRSG.): Kalter Krieg in Ostafrika (wie Anm. 2), S. 335–340, hier S. 337.

[21] Hinzu kam, dass lokale Perspektiven wie z. B. in Kenia, von kolonialer Seite unterdrückt wurden und Bildungschancen z. T. bewusst minimiert bzw. (in Bezug auf die Aufstiegsmöglichkeiten) limitiert wurden. Detailliert dazu siehe u. a. ERIC BURTON: Decolonization, the Cold War, and Africans' Routes to Higher Education Overseas, 1957–65. In: *Journal of Global History* 15 (2020) 1, S. 169–191; DAMIANO MATASCI/MIGUEL BANDEIRA JERÓNIMO/HUGO GONÇALVES DORES (HRSG.): Education and Development in Colonial and Postcolonial Africa: Policies, Paradigms, and Entanglements, 1890s–1980s. Cham 2020.

Bundesrepublik und der DDR, aus Indien und Ghana an ein und derselben Institution anzutreffen sein konnte. Eine Besonderheit im postrevolutionären Sansibar war, dass es von jenen westlichen Ländern, die ein »afrikanisches Kuba« fürchteten, vorerst nicht anerkannt wurde. Anfragen für Personal, Projekte und materielle Ressourcen gingen damit vor allem an andere postkoloniale Staaten und die sozialistische Welt. Somit waren auf Sansibar neben DDR-Auslandskadern auch sowjetische und chinesische Fachkräfte im Einsatz. Die gleichzeitige Präsenz und der entwicklungspolitische Wettbewerb zwischen der DDR und China prägte freilich auch die Wahrnehmung der DDR-Entwicklungsarbeit.[22] Im Gesundheitsbereich etwa war auch Personal aus China tätig, das sich mit den technischen und medizinischen Gegebenheiten vor Ort deutlich besser arrangieren konnte als die DDR-Fachkräfte, die auf Möglichkeiten stationärer Behandlung und relativ kostspielige Ausrüstung angewiesen waren.[23]

Ein weiterer wichtiger Einsatzbereich war der Bildungssektor. Ali Sultan Issa, der im postrevolutionären Sansibar unter anderem als Minister für Bildung (bis 1968) und Gesundheit (1968–1972) tätig war, erinnerte sich in Gesprächen mit dem US-Historiker G. Thomas Burgess grundlegend positiv an die ostdeutschen Lehrer*innen im Sekundarschulunterricht: Sie seien günstig gewesen und hätten generell gute Arbeit geleistet.

---

[22] Siehe hierzu auch: ERIC BURTON: Von Revolution zu Reform. Transfers zwischen China und Tansanias »Afrikanischem Sozialismus« von antiimperialistischer Solidarität bis Neoliberalismus. In: *Jahrbuch für Historische Kommunismusforschung* (2020), S. 121–138.

[23] DERS.: In Diensten des Afrikanischen Sozialismus (wie Anm. 3), Kap. 3.2; YOUNG-SUN HONG: Cold War Germany, the Third World, and the Global Humanitarian Regime (wie Anm. 4), S. 315; ALICIA ALTORFER-ONG: Old Comrades and New Brothers. A Historical Re-Examination of the Sino-Zanzibari and Sino-Tanzanian Bilateral Relationships in the 1960s. PhD thesis (London School of Economics and Political Science). London 2014, S. 247 f. Bei den chinesischen Entsandten handelte es sich in der Regel nicht um die sogenannten »Barfußdoktoren« mit eher rudimentärer Ausbildung, sondern um Fachpersonal mit ausgewiesener Qualifikation. Siehe ebd., S. 272 f.

Abb. 2: Frauen bei der Maurerausbildung an einer Kochstelle.

Die Wohnungsbauprojekte erwähnte er ebenfalls lobend. Seine Bewertung nahm Issa dabei auch im Vergleich mit sowjetischen und chinesischen Konditionen vor: Während die Sowjets in seiner Erinnerung für ihre Lehrkräfte in Gold hätten bezahlt werden wollen, seien Chinas Bedingungen bemerkenswert günstig gewesen.[24] Das noch rückständige und selbst entwicklungsbedürftige China habe geholfen; die »Russen« hingegen, die fortgeschritten waren und bereits den Weltraum erobert hätten, seien arrogant und »knausrig« gewesen.[25] An anderer Stelle erwähnte Ali Sultan Issa hingegen auch andere Folgen der Kooperation mit der DDR – so etwa die Entstehung einer Kultur von Angst und Misstrauen angesichts des engmaschigen Überwachungssystems, das auf Sansibar in Zusammenarbeit mit der Stasi eingeführt wurde. »Damals konnten wir nicht einmal unseren eigenen Ehefrauen vertrauen«, so Issa.[26]

Ali Sultan Issas Aussagen verdeutlichen, dass eine Bewertung der DDR-Entwicklungsarbeit als »Erfolg« oder »Scheitern« zu einfach wäre; wichtig ist vielmehr, damalige Ziele, Vergleichshorizonte und Sektoren zu betrachten. In anderen Interviews und Archivberichten finden sich zudem durchaus Beschwerden über die Kosten der DDR-Auslandskader und die – im Vergleich zu den chinesischen Fachkräften – hohen Erwartungen an die Lebensbedingungen.[27] Auf DDR-Seite wollte man sich jedoch nicht auf die – wie es ein DDR-Diplomat ausdrückte – »chinesischen Dumpingbedingungen« herablassen.[28]

Damit gelangt ein weiterer Einsatzbereich ins Blickfeld: die Beratung in Wirtschafts- und Finanzfragen.[29] DDR-Berater operierten zwar durchaus vor dem Hintergrund ihrer eigenen Erfahrungen, aber das heißt keinesfalls, dass sie in Sansibar oder anderen Einsatzländern einfach SED-Dogmen von sich gaben. Im Gegenteil: Berater, die einen

---

[24] China entsandte allerdings keine Lehrer*innen.

[25] G. THOMAS BURGESS: Race, Revolution, and the Struggle for Human Rights in Zanzibar: The Memoirs of Ali Sultan Issa and Seif Sharif Hamad. Athens, Ohio 2009, S. 106 f.

[26] Ebd.

[27] YOUNG-SUN HONG: Cold War Germany, the Third World, and the Global Humanitarian Regime (wie Anm. 4), S. 315.

[28] Bundesarchiv (BArch), DC 20/11525, Büttner (DDR-Konsulat Sansibar), Abschlussbericht Juli 1967 – Juni 1970, Berlin, 30.6.1970, Bl. 67–73.

[29] Detailliert zur Tätigkeit der Wirtschaftsberater siehe: ERIC BURTON: Diverging Visions in Revolutionary Spaces: East German Advisers and Revolution from Above in Zanzibar, 1964–1970. In: ANNA CALORI U. A. (HRSG.): Between East and South. Spaces of Interaction in the Globalizing Economy of the Cold War. Berlin/Boston 2019, S. 85–115.

dogmatischen Transfer von DDR-Modellen verfolgten, wurden für ihre fehlende Flexibilität kritisiert.[30] Berater (wie auch andere entsandte Fachkräfte) waren dazu angehalten, stets die nationale Souveränität der Partnerländer zu wahren und Leitungsfunktionen nur in absoluten Notfällen zu übernehmen.[31] Das war einerseits eine prinzipielle Entscheidung und brachte andererseits auch den Vorteil mit sich, dass so die Verantwortung für eventuelle Fehlschläge nicht auf DDR-Seite lag (wenngleich es in der Praxis, wie die eingangs erwähnte Beschwerde von Karume belegt, freilich trotzdem Schuldzuweisungen gab).

Die Sicherung nationaler Souveränität durch den Aufbau einer eigenen materiellen Basis war auch in Sansibar ein zentraler Diskussionspunkt zwischen dem DDR-Berater Martin Gentsch und dem Wirtschaftsminister Abdulaziz Twala, der in Moskau studiert hatte. Gentsch verschrieb sich dabei dem Ziel, das Twala ausgegeben hatte: die »Dekolonisierung« der sansibarischen Wirtschaft. Das bedeutete vor allem eine Abkehr von westlichen Krediten und britischen Lieferanten, aber auch ein Abbau von Privilegien für die Eliten.

Als grundlegende Orientierung blieb der Historische Materialismus freilich unangetastet. Das bedeutete bisweilen politisch inopportune Schritte, so etwa die Empfehlung an Karume, einer britischen Firma einen Lieferauftrag zu erteilen, statt die benötigten Teile in Sansibar selbst herzustellen. So lässt sich auch die eingangs von mir erwähnte Kritik des Präsidenten Karume im Jahr 1970 besser einordnen: DDR-Berater betonten immer wieder die Wichtigkeit, möglichst effektiv in Produktionskapazitäten zu investieren und Ausgaben für Sozialprojekte aufs Nötigste zu beschränken; gerade diese sozialen Vorhaben und andere kostspielige Prestigeprojekte waren der Regierung jedoch wichtig, um ihre Legitimität in der Bevölkerung zu stützen.

Die größten Umsetzungsprobleme und Spannungen gab es aber fraglos bei den ökonomischen Projekten, denn die DDR konnte Konsum- und Industriegüter oft nicht liefern oder tat dies zu überhöhten Preisen oder in minderer Qualität, etwa als technologisch

---

[30] Siehe hierzu zum Beispiel die Einschätzungen in: BArch, DR 2/50424.
[31] MASSIMILIANO TRENTIN: Engineers of Modern Development. East German Experts in Baʿthist Syria, 1965–1972. Padova 2010, S. 92 f.

veraltete Gebrauchtware. Karume hingegen erwartete »modernste Maschinen« und klagte 1970 über die nicht zufriedenstellenden Lieferungen, die ihm »das Herz gebrochen« und dazu veranlasst hätten, nun zwangsläufig bei britischen Firmen zu kaufen. Auf DDR-Seite gab es ebenfalls kritische Selbsteinschätzungen. Hier wurde auch die Verquickung von Entwicklung, Diplomatie und Handel deutlich. Die SED-Grundorganisation kam in einem Bericht im Jahr 1967 zu dem Schluss, dass es nicht gelungen war, »mit relativ niedrigem Aufwand von Sansibar ausstrahlend mehr und mehr Einfluss in ganz Ostafrika zu gewinnen«, stattdessen fügten »ernste Versäumnisse bei der Realisierung der ökonomischen Verpflichtungen [...] der politischen Stellung der DDR und des sozialistischen Lagers in Sansibar/Tansania Schaden zu.«[32] Deutlich wird in diesem Zitat aber auch: Die wirtschaftliche Zusammenarbeit sollte hier vor allem politische Früchte tragen. Das sollte sich in späteren Jahren ändern, als handelspolitische Motive – und jene Akteure, die diesen Geltung verschaffen wollten – an Bedeutung gewannen.[33]

5. Fazit

Die verschiedenen Formen und Wahrnehmungen der DDR-Entwicklungsarbeit lassen sich nicht auf einen simplen Nenner wie Profitinteresse, Ideologietransfer im Sinne der Weltrevolution unter kommunistischer Führung oder sozialistische Solidarität bringen; all diese Konzepte stießen zudem in der praktischen Umsetzung auf Hindernisse. Die Entwicklungsarbeit der DDR war in eine Reihe komplexer politischer und wirtschaftlicher Arrangements eingebettet und umfasste für das entsandte Personal auch Aufgaben wie die »Auslandsinformation«, die es in der westlichen Entwicklungsarbeit nicht gab. Um die konkreten Ausformungen, Erfahrungen und Ergebnisse zu verstehen, sind dabei stets auch die Interessen und Handlungsweisen der Akteure in den jeweiligen Partnerländern in

---

[32] ERIC BURTON: In Diensten des Afrikanischen Sozialismus (wie Anm. 3), S. 146.
[33] Siehe hierzu u. a. ebd.; HANS-JOACHIM DÖRING: Es geht um unsere Existenz (wie Anm. 10).

Betracht zu ziehen. Von manchen Personen, etwa vom sansibarischen Präsidenten Abeid Amani Karume, sind sogar völlig gegensätzliche und auf den ersten Blick widersprüchliche Meinungen überliefert, die erst durch die Beachtung politischer Dynamiken sinnvoll erschlossen werden können.

Das DDR-Engagement konsolidierte Karumes zunehmend autoritäre Herrschaft, die 1972 mit seiner Ermordung endete, in mancher Hinsicht. Dabei sind bisher viele Perspektiven noch kaum erforscht, denkt man etwa an die sansibarischen Arbeitskräfte in den Wohnungsbauprojekten, die wiederholt streikten und zum Teil Zwangsarbeit verrichten mussten. In anderer Hinsicht – gerade bei den ökonomischen Projekten – bedeutete das DDR-Engagement jedoch eher eine Destabilisierung und Belastung. Zumindest auf den höchsten politischen Ebenen lässt sich konstatieren, dass auf beiden Seiten die hohen Erwartungen nicht erfüllt wurden. Manche Vorhaben späterer Jahre stellten die Partnerregierungen jedoch durchaus zufrieden – etwa das bis heute (nunmehr unter anderem Namen) existierende Krankenhaus Carlos Marx in Nicaragua oder die Kaffeeproduktion in Vietnam, das heutzutage das weltweit zweitgrößte Exportland für Kaffee ist. In vielerlei Hinsicht wirkt die Entwicklungsarbeit der DDR im Globalen Süden also noch bis heute nach und hat so das Ende sozialistischer Herrschafts- und Gesellschaftsexperimente in Sansibar, Nicaragua und der DDR überlebt.

Anna Warda

Tschekistische Entwicklungshilfe in Mosambik. Das Ministerium für Staatssicherheit, der Kalte Krieg und der Globale Süden

Markus Wolf, der bekannte Leiter der MfS-Auslandsaufklärung, steht am Strand von Sansibar. Er hält eine Kokosnuss in seiner Hand und lächelt in die Kamera. Diese seltene Fotografie des Mannes »ohne Gesicht« findet sich in seiner Autobiografie.[1] Wolf war Teil der ersten Mission der DDR-Staatssicherheit in den Globalen Süden. 1964 war der Inselstaat für wenige Monate unabhängig und die Staatssicherheit nutzte diese Gelegenheit, um ihren Arm in die sogenannte »Dritte Welt« auszustrecken.[2] Bis 1989 folgten Einsätze in über 28 Ländern des Globalen Südens.

Es gibt eine Unmenge an Gerüchten und Vermutungen, die über diese internationalen Aktivitäten des Ministeriums für Staatssicherheit (MfS) kursieren. Da die Arbeit des MfS im globalen Kalten Krieg von der Forschung bisher noch nicht vollständig aufgearbeitet worden ist, halten sich bis heute viele wilde Spekulationen.[3] Dabei reicht die Palette von der Annahme, dass das MfS eine Form von caritativer Entwicklungshilfe geleistete hätte, bis hin, dass sie in blutige Bürgerkriege involviert war. Der Diskurs wird überwiegend von Zeitzeugen*innen – oftmals ehemalige Mitarbeiter*innen der Staatssicherheit – bestimmt, im Rahmen der DDR-Außenpolitik oder anhand der binationalen

---

[1] MARKUS WOLF: Spionagechef im geheimen Krieg. Erinnerungen. Düsseldorf 1997.

[2] Zur Gleichbehandlung der Geschlechter werde ich das Sternchen mit generischem Femininum verwenden. Ausnahmen bilden Personenbezeichnungen, bei denen aus den Quellen eindeutig hervorgeht, dass es sich um männliche Personen gehandelt hat.

[3] WERNER MÜHLE: Feinde von allen Seiten? In: MATTHIAS VOSS: Wir haben Spuren hinterlassen. Die DDR in Mosambik. Erlebnisse, Erfahrungen und Erkenntnisse aus drei Jahrzehnten. Münster 2005. RUDOLF NITSCHE: Diplomat im besonderen Einsatz. Eine DDR-Biografie. Schkeuditz 1994.

Beziehungen aufgearbeitet.⁴ Dabei kann eine Analyse der bilateralen und internationalen Verbindungen, der Vorgänge in der Institution und eine Einordnung im Rahmen der Postkolonialen Studien und Global Cold War-Forschung nicht nur einen wichtigen Beitrag zur DDR-Forschung, sondern auch zu den Studien der geheimdienstlichen Netzwerke während es Kalten Krieges liefern.

Im Folgenden werden die Tätigkeiten der DDR-Staatssicherheit in Ländern der »Dritten Welt« beschrieben und übergeordnete Ergebnisse anhand des Fallbeispiels Mosambik vorgestellt. Im Zuge dessen werden die Interessen, die Ziele und das Vorgehen der Staatssicherheit und deren Wandel im Zeitraum zwischen dem ersten Einsatz 1964 bis zum Mauerfall 1989 erläutert.⁵

Das MfS im Globalen Süden

Der Aufenthalt in Sansibar hatte Markus Wolf offensichtlich nachhaltig beeindruckt, denn auch nach seiner Dienstzeit besuchte er noch einmal die Insel und fühlte sich dem Land sehr verbunden.⁶ Und nicht nur Wolf schien Geschmack an den Staaten des Globalen Südens gefunden zu haben: Nach dem ersten Einsatz in Sansibar weitete die Staatssicherheit ihre Arbeit über den gesamten Erdball aus. Vor allem bis in die 1970er Jahre wurden die Aktivitäten in der »Dritten Welt« immer weiter verstärkt; in den 1980er Jahren nahm das Engagement aufgrund der wirtschaftlichen Probleme ab – setzte aber nie ganz aus.

---

[4] HANS-JOACHIM DÖRING: »Es geht um unsere Existenz«. Die Politik der DDR gegenüber der Dritten Welt am Beispiel von Mosambik und Äthiopien. Berlin 1999. HARALD MÖLLER: DDR und Dritte Welt. Die Beziehungen der DDR mit Entwicklungsländern – ein neues theoretisches Konzept, dargestellt anhand der Beispiele China und Äthiopien sowie Irak/Iran. Berlin 2004. MATTHIAS VOß: Wir haben Spuren hinterlassen (wie Anm. 3); HERMANN WENTKER: Außenpolitik in engen Grenzen. Die DDR im internationalen System 1949–1989. München 2007.

[5] Die Erkenntnisse basieren auf einer Analyse von MfS-Unterlagen in der BStU (dem heutigen Stasi-Unterlagen-Archiv), von Dokumenten aus dem Ministerium für Auswärtige Angelegenheiten im Archiv des Auswärtiges Amtes sowie Zeugnissen aus lokalen Archiven in Mosambik. Ergänzend wurden Zeitzeug*innen-Interviews ausgewertet.

[6] HANS-DIETER SCHÜTT: Markus Wolf. Letzte Gespräche. Berlin 2007, S. 125.

Somit war das MfS in einem Zeitraum von über 25 Jahren in circa 28 Ländern des Globalen Südens aktiv[7]: Ägypten, Äthiopien, Angola, Chile, Ghana, Grenada, Irak, Jemen, Kambodscha, Kap Verde, Kongo, Kuba, Laos, Libanon, Libyen, Mosambik, Namibia, Nicaragua, Nordkorea, Palästina, Sansibar, Sambia, Simbabwe, Sudan, Südafrika, Syrien, Tansania und Vietnam.

Alle Staaten haben gemeinsam, dass es zu dem Zeitpunkt, als sie mit dem MfS in Kontakt kamen, in dem jeweiligen Land ein Machtvakuum gab – zumeist verursacht durch einen politischen Umbruch – wie Bürgerkrieg, Revolution oder den Abzug einer Kolonialmacht. Insbesondere die Länder, welche nach dem Zusammenbruch des portugiesischen Kolonialreichs nach der Nelkenrevolution 1974 in die Unabhängigkeit entlassen wurden, waren für die DDR und das MfS von Interesse.

In dem Moment des Machtvakuums versuchte das MfS an Einfluss zu gewinnen. Die Idee dahinter war, die sich neu orientierenden Staaten für das sozialistische Lager zu gewinnen. Hinzu kam, dass oftmals das MfS schon vor dem Umbruch Kontakt zu sogenannten Unabhängigkeitsbewegungen über Jahre aufgebaut hatte und nun die Gelegenheit sah, neue Partnerländer zu finden.

Auf dem Papier hieß es, dass die Staaten oder Bewegungen eine sozialistische Ausrichtung haben sollten[8]; in der Praxis wurde dies allerdings nicht so streng genommen. Wenn es die Option gab, eine neue Kooperation einzugehen, wurde die Ausrichtung des Partners so zurechtgebogen, dass sie in den eigenen ideologischen Rahmen passte. So unterstütze das MfS beispielsweise in Simbabwe zunächst die pro-sowjetische Zimbabwe African People's Union (ZAPU) unter Joshua Nkomo, um nach deren Misserfolg zur Zimbabwe African National Union (ZANU) unter Robert Mugabe zu wechseln.[9] Es gab dabei bis Mitte der 1970er Jahre kein geordnetes Vorgehen, und

---

[7] Da die Quellenlage sehr lückenhaft ist, liegt die Vermutung nahe, dass es noch mehr waren.

[8] HELMUT MATTHES/MATTHIAS VOß: Die Beziehungen der DDR zur Volksrepublik Mosambik in der Afrikapolitik der DDR. In: HANS-JOACHIM DÖRING/UTA RÜCHEL (HRSG.): Freundschaftsbande und Beziehungskisten. Die Afrikapolitik der DDR und der BRD gegenüber Mosambik. Frankfurt am Main 2005, S. 45.

[9] Länderinformation zu Simbabwe. BStU MfS HA I 13548.

zahlreiche, vermeintlich vielversprechende Kooperationen scheiterten schon nach wenigen Monaten. Die Aktivitäten wurden von geopolitischen und wirtschaftlichen Interessen sowie Pragmatismus und dem Ausnutzen von günstigen Gelegenheiten bestimmt. Die interne und externe Rhetorik, welche den sozialistischen Kampf und die internationale Solidarität propagierte, diente dazu, das Engagement in den Krisenregionen zu rechtfertigen.

Interessen und Schwerpunkte

Der Aufgabenbereich der Staatssicherheit ging über den eines klassischen Geheimdienstes hinaus. Das MfS fungierte zum einen als klassischer Nachrichten- und Aufklärungsdienst, führte aber zum anderen auch geheime militärische Aktionen durch und wurde gleichzeitig als ein Unterdrückungsinstrument in Form einer Geheimpolizei gegen die eigene Bevölkerung eingesetzt. Ihr Zuständigkeits- und Arbeitsspektrum umschloss ein weites Feld und demnach waren die Interessen des Dienstes im Globalen Süden weit gefächert.

In den 1960er und 1970er Jahren standen im Einklang mit der DDR-Außenpolitik vor allem machtpolitische und geo-strategische Interessen im Vordergrund: Alle Anstrengung wurde dahingehend ausgerichtet, den Systemkampf in der Peripherie für sich zu entscheiden. Partnerländer sollten für das eigene Lager gewonnen werden. Dies war für die DDR bis zum Grundlagenvertrag 1973 von besonderer Wichtigkeit, da das Land bis dato um jede Form der internationalen diplomatischen Anerkennung außerhalb des Warschauer Paktes kämpfen musste. Diese Strategie sollte jedoch auch einen innenpolitischen Effekt haben: Jeder neu gewonnene sogenannte »Bruderstaat« diente der innenpolitischen Legitimation, da die SED ihre Herrschaft durch die internationale Bestätigung festigen konnte.[10]

Das MfS fungierte zudem wie jeder andere vergleichbare Dienst als Aufklärungsinstrument. In diesem Sinne galt es, über die Verbindungen in andere Staaten Informationen über Partnerstaaten sowie die Gegenseite zu beschaffen – je mehr Information, desto höher die

---

[10] HERMANN WENTKER: Außenpolitik in engen Grenzen (wie Anm. 4), S. 556.

Macht und desto größer der Einfluss auf dem internationalen Parkett, so die Prämisse in jenen Zeiten, als der Kampf zwischen sozialistischem und nicht-sozialistischem Lager bestimmend wirkte.

Bezüglich ihrer Interessen ging die Staatssicherheit in anderen Punkten weit über die Zuständigkeiten von anderen Diensten hinaus. Der erste Punkt ergibt sich aus dem Charakter des MfS, welches eben nicht nur als Geheimdienst agierte, sondern auch als Kontrollinstrument der SED genutzt wurde. Demnach hatte das MfS ein großes Interesse daran, seinen Arm in möglichst viele Länder auszustrecken und sich dort zu vernetzen, um die DDR-Bevölkerung vor Ort überwachen zu können. Es galt dabei besonders, die ausgereisten Arbeiter*innen von einer möglichen Flucht beziehungsweise vor dem Überlaufen in das andere Lager abzuhalten. Sowohl für die Überwachung als auch für die Informationsbeschaffung wurden Informant*innen innerhalb der Ausreisenden, aber auch aus der lokalen Bevölkerung rekrutiert.

In den späten 1970er Jahren wurde ein neuer Schwerpunkt gesetzt: Als 1977 dem Zentralkomitee der SED bewusst wurde, dass die DDR in einer schweren Schuldenkrise steckte, wurde die Idee laut, Profit aus den Verbindungen in den Globalen Süden zu schlagen.[11] Das MfS war für einen kleinen Staat wie die DDR ein überdimensionierter und hochqualifizierter Apparat. So war schnell klar, dass Know-How und überschüssiges Material auf sogenannter »kommerzieller Basis«, also gewinnbringend, in die Länder des Globalen Südens exportiert werden sollte.[12]

Aufbau, Kooperationen und Überwachung

Wie genau verfolgte das MfS nun diese Interessen und versuchte seine Rolle im globalen Kalten Krieg zu erfüllen? Die Aktivitäten lassen sich in drei Kategorien unterteilen:

---

[11] Hans-Joachim Döring: »Es geht um unsere Existenz« (wie Anm. 4), S. 147.
[12] Überblick über Lieferungen von IM Ilse, 17.6.1980. BStU MfS HA XVIII Nr. 8645, S. 272.

1. Aufbau und Ausbau von Sicherheitsorganen
2. Kooperationen mit bereits bestehenden Sicherheitsdiensten
3. Überwachung und Kontrolle

Da ein Großteil der Kooperationen nach einem Machtwechsel in dem jeweiligen Land einsetzten, mussten Sicherheitsorgane erst einmal neu aufgebaut oder ausgebaut werden. Zu diesem Zweck wurde vor allem Fachpersonal aus dem MfS entsandt, Material geschickt und finanzielle Hilfe geleistet. In der Regel wurden einhergehend Kooperationsverträge mit den jeweiligen Ansprechpersonen, oftmals den Innen- oder Staatssicherheitsministern, geschlossen. Diese steckten den Umfang der Zusammenarbeit ab. Zumeist wurden in diesen Verträgen schon spezifische Projekte ausformuliert, wie beispielsweise in Mosambik und Nicaragua der Aufbau einer Zollabteilung unter Leitung des jeweiligen Sicherheitsorgans.

Die finanzielle Hilfe – oft aus Mitteln der Solidaritätskomitees[13] – wurde in Form einer Geldschenkung oder auch, besonders in den 1980er Jahren, als Kredit gewährt. Die Materiallieferungen konnten von Waffen und Überwachungstechnik bis hin zu so profanen Dingen wie Sporttrikots für die dienstsigene Sportorganisation reichen. In den Ländern findet man bis heute Spuren solcher Lieferungen, so konnte man bei Recherchestand (2013) auf dem nicaraguanischen Flughafen in Managua die Zollabfertigungshäuschen sehen, welche das MfS dort aufgebaut hatte.

Die Entsendung von Mitarbeiter*innen war ein wichtiger Bestandteil der Kooperationen. In fast jeden »Bruderstaat« wurde ein fester sogenannter Verbindungsoffizier entsandt. Er war dafür verantwortlich, die Zusammenarbeit zu koordinieren und Absprachen auf höchsten Regierungsebenen zu führen. Oft wurde er direkt im Partnerdienst oder im Innenministerium installiert. Hinzu kamen verschiedene Mitarbeiter*innen des MfS, die zu Beratungen eintrafen,

---

[13] Das Solidaritätskomitee war eine gesellschaftliche Organisation in der DDR, die die verschiedenen Entwicklungshilfeaktivitäten koordinieren und finanzieren sollte. Sein Fonds wurde aus Spenden der Bevölkerung, die durch kollektive Spendenaktionen in Betrieben gesammelt wurden, gespeist. Diesen Spenden konnten sich die Arbeitnehmer*innen in der Regel nicht ohne Sanktionen entziehen. Vgl. KLAUS STOCKMANN: Geheime Solidarität. Militärbeziehungen und Militärhilfen der DDR in die »Dritte Welt«. Berlin 2012, S. 150 ff.

oder Delegationen, die für Schulungen und den Aufbau von Technik, manchmal über Jahre, in dem jeweiligen Land verblieben. Je nachdem, wie wichtig das MfS die jeweiligen Staaten einschätzte, konnten drei bis hin zu vierzig MfS-Mitarbeiter*innen ständig vor Ort sein. Hinzu kamen noch inoffizielle Informant*innen, die sowohl unter DDR-Bürger*innen als auch unter der lokalen Bevölkerung angeworben wurden. Zusätzlich kooperierte das MfS auch mit anderen DDR-Ministerien sowie anderen Diensten des Warschauer Paktes. Vor allem in den 1960er und 1970er Jahren waren Absprachen mit Moskau unerlässlich – in den 1980er Jahren wagte Erich Mielke auch eigene Aktionen, als er beispielsweise gegen den Rat der sowjetischen Kollegen weiterhin Nicaragua unterstützte.[14]

Zusätzlich wurden regelmäßig Mitarbeiter*innen des Partnerdienstes in die DDR ausgeflogen und dort geschult. Dabei konnten sich die Weiterbildungen über einige Wochen bis hin zu Monaten erstrecken. Außerdem lud das MfS Studierende in die DDR ein und ermöglichte für hohe Kader des Partnerorgans Krankenhausaufenthalte und Urlaube in der DDR.

Sofern Partnerdienste bereits bestanden oder entsprechend ausgebaut werden sollten, versuchte das MfS, mit ihnen zu kooperieren. Dabei ging es in erster Linie um Informationsbeschaffung; mit diesen Informationen sollte der eigene Staat sowie der Partner gestärkt und die gegnerischen (westlichen) Länder möglichst geschwächt werden. Außerdem wurden noch Dreiecks-Kooperationen angestrebt: Hier ließen sich beispielsweise die Ausbildung und die Unterstützungsaktionen von ANC-Mitgliedern auf dem Boden von Tansania und Mosambik oder die Kooperation mit dem kubanischen Innenministerium in Nicaragua nennen.

Das dritte Aufgabenfeld umfasste, wie oben bereits erwähnt, die Überwachung und Kontrolle von DDR-Bürger*innen. Dies geschah vor allem durch den Einsatz von Informant*innen, die großflächige Überwachung der Kommunikation, wie Postverkehr und Telefongespräche, sowie die Aufzeichnung jeglicher Reisebewegungen. Bei nur kleinsten Verdachtsfällen durften Menschen entweder erst gar

---

[14] Beratung mit Vertretern der SGG vom 12.05.1980. BStU, MfS, Abt. X, Nr. 78, Bl. 53–86.

nicht ausreisen oder wurden in die DDR zurückgesandt. Auch die Mitarbeiter*innen der Partnerdienste wurden streng beobachtet; in der Analyse hat sich immer wieder gezeigt, dass die bei Zusammentreffen proklamierte Freundschaft von tiefem Misstrauen durchsetzt war.[15]

Zuletzt muss natürlich auch genannt werden, dass Menschen aus NATO-Staaten ebenfalls im Fokus des MfS standen. So wurde in Nicaragua ein CIA-Mitarbeiter engmaschig überwacht und – auch wenn die Quellenlage hierzu sehr lückenhaft ist – vermutlich von den sowjetischen Partnerdiensten »ausgeschaltet«.[16]

Tschekistische »Entwicklungshilfe« in Mosambik

Die DDR hat über viele Jahre Spuren in den Partnerländern hinterlassen. In der mosambikanischen Hauptstadt Maputo weht im zentralen Park »Jardim 28 de Maio« bis heute eine DDR-Fahne. Dort befindet sich die Zentrale der »Madgermanes«, der ehemaligen Vertragsarbeiter*innen, die noch heute für ihr Recht auf Bezahlung kämpfen.[17] Weniger offensichtlich ist das bis heute nachwirkende Erbe, welches das MfS hinterlassen hat.

Mosambik war eines der Schwerpunktländer der ostdeutschen Staatssicherheit, und die Beziehung hielt über die krisengezeichneten 1980er Jahre bis zum Mauerfall an. Nach Ende der portugiesischen Kolonialherrschaft übernahm die Frente de Libertação de Moçambique (FRELIMO) die Regierungsmacht. Der FRELIMO-Führer Samora Machel wurde Präsident und machte es sich zur Aufgabe, einen neuen Staat aufzubauen. Die Ausgangslage war alles andere als vielversprechend: Durch die Ausweisung vieler Portugies*innen gab es einen großen Fachkräftemangel und koloniale Strukturen herrschten weiterhin

---

[15] Einschätzung der mosambikanischen Kollegen. BStU MfS HA VI Nr. 10978, S. 5.
[16] Gesprächsprotokoll vom 14.02.1986. BStU MfS, Abt. X Nr. 330, S. 98.
[17] IBRAIMO ALBERTO/MARCIA C. SCHENCK: Paths Are Made by Walking: Memories of Being a Mozambican Contract Worker in the GDR. In: ERIC BURTON/ANNE DIETRICH/IMMANUEL HIRSCH/MARCIA C. SCHENK (HRSG.): Navigating Socialist Encounters. Moorings and (Dis)Entanglements between Africa and East Germany during the Cold War. Berlin/Boston 2021, S. 247–262.

Abb. 1: Der Park »Jardim 28 de Maio« in der mosambikanischen Hauptstadt Maputo dient als Treffpunkt ehemaliger DDR-Vertragsarbeiter*innen.

vor. Zeitgleich organisierten die westlichen Mächte aus Angst vor einem neuen sozialistischen Staat Gegenkräfte.[18]

Die DDR und damit einhergehend das MfS hatten bereits Mitte der 1960er Jahre Beziehungen zur damaligen Unabhängigkeitsbewegung FRELIMO aufgenommen und unter anderem Guerillakämpfer*innen in Camps in Tansania ausgebildet.[19] Die offiziellen diplomatischen Beziehungen wurden direkt nach der Unabhängigkeit 1975 aufgenommen. Der gegenseitige Austausch fand zunächst auf einem recht niedrigen Level statt; erst nachdem (wie oben beschrieben) die ökonomische Krise in der DDR unabwendbar schien, wurde die Beziehung in das ostafrikanische Land verstärkt. Im ostdeutschen Zentralkomitee erhoffte man sich vor allem Devisen sowie Kaffee-,

---

[18] CHRISTOPH KOHL: Bewaffneter Konflikt und umkämpfte Erinnerung. Plädoyer für einen erinnerungspolitischen Neuanfang in Mosambik. HSFK-*Report*, Nr. 5/2017, S. 6.

[19] WERNER MÜHLE: Feinde von allen Seiten? In: MATTHIAS VOß: Wir haben Spuren hinterlassen (wie Anm. 3), S. 140.

Kohle- und Baumwolllieferungen. Das MfS sollte wirtschaftliche Verträge voranbringen, die Bindung stärken und selbst Material und Wissen gewinnbringend exportieren.

Währenddessen brauchte die neue Regierung in Mosambik dringend einen Sicherheitsapparat. Neben der innenpolitischen Konsolidierung mussten zudem Angriffe von außen abgewehrt werden. Zwischen 1977 und 1992 herrschte in Mosambik Bürgerkrieg und somit über den gesamten Zeitraum, in welchem das MfS in dem ostafrikanischen Land aktiv war. Unterstützt von Rhodesien (später Simbabwe), Südafrika und den USA kämpfte die sogenannte Resistência Nacional Moçambicana (RENAMO) gegen die neue Führung in Mosambik.[20] Somit ging der Machtwechsel, die politische Neuorientierung sowie die daraus resultierenden Bedürfnisse in Mosambik zeitlich einher mit der neuen Ausrichtung der DDR-Außenpolitik.

Bereits als sich die Unabhängigkeit Mosambiks ankündigte, wurden circa 250 FRELIMO-Kämpfer*innen im April 1975 von Daressalam aus in die DDR geflogen. In Kooperation mit der NVA bildete das MfS diese bis Ende Juni auf den Gebieten der Polizeiarbeit, Pass- und Zollkontrolle, Grenzsicherung, Personenschutz und im Sicherheitsdienst aus. Im gleichen Sommer, im Juni 1975, erlangte Mosambik im Zuge der Nelkenrevolution die Unabhängigkeit und Samora Machel wurde zum Präsidenten der neuen Regierung ernannt. So war die Ehrengarde, die den neuen Präsidenten Machel am Tag der Unabhängigkeit durch die Straßen Maputos eskortierte, komplett in der DDR ausgebildet worden.[21]

Im Oktober 1975 veröffentlichte die neue Regierung einen Erlass zur Gründung eines eigenen Sicherheitsdienstes und richtete eine Anfrage an die DDR, beim Aufbau des Serviço Nacional de Segurança Popular (SNASP) zu helfen.[22] Das MfS sagte zu, ein Sicherheitsorgan in Mosambik aufzubauen und entsandte unmittelbar danach verschiedene Berater. In der Folge wurde ab 1977 in Maputo ein Verbindungsoffizier installiert, weitere Stasi-Mitarbeiter*innen reisten nun regelmäßig

---

[20] JOÃO M. CABRITA: Mozambique: The Tortuous Road to Democracy. London 2000. MALYN NEWITT: A short history of Mozambique. London 2017.
[21] Überblick von 1981. BStU MfS HA VI Nr. 16768, S. 25.
[22] Auswertung der Abteilung X. BStU MfS Abt. X 908, S. 210.

für Schulungen und Beratungen an und mehrere inoffizielle Informanten arbeiteten in der Botschaft oder der Außenstelle der Kommerziellen Koordinierung (KoKo), welche für die wirtschaftliche Zusammenarbeit verantwortlich war.

Ein Jahr später (1978) erhielt der SNASP den Status eines Ministeriums und schloss einen ersten offiziellen Vertrag mit dem MfS ab, in welchem sich das MfS nicht nur verpflichtete, weiterhin den Aufbau zu unterstützen und Mitarbeiter*innen auszubilden, Materialien zu liefern und Informationen auszutauschen, sondern auch festgelegt wurde, dass 80 % der erbrachten Leistungen vom SNASP durch Materiallieferungen oder US-Dollar abgegolten werden mussten.[23]

Nach Abschluss des Vertrages wurden nach Vorbild des Wachregiments »Feliks Dzierzynski« eine Wachgarde sowie Bodyguards für den Präsidenten und wichtige Regierungsmitglieder ausgebildet. Auf Wunsch des Partnerorgans versuchte das MfS nun auch über Jahre ein Kommunikationsnetzwerk aufzubauen. Besonders um die Angriffe der RENAMO abzuwehren, war eine Verbindung zwischen der Hauptstadt und den Außenposten sowie zentralen Einrichtungen der Regierung unerlässlich. So installierte das MfS in der SNASP-Zentrale in Maputo sowie in einigen Grenzposten Kurzwellenfunktechnik sowie ein Richtfunknetzwerk, ein für die Warschauer Staaten typisches Troposphären-Nachrichtensystem.[24]

Gleichzeitig stattete das MfS einige Regierungsgebäude sowie den Privatwohnsitz des Präsidenten mit Sicherheits- und Überwachungstechnik aus. Diese beinhaltete Kontrollhäuschen, eine Videoüberwachungsanlage sowie die Schulung des Personals – beispielsweise in der Frage, wie Speisen des Präsidenten zu überprüfen waren. Eine komplette Absicherung konnte auch nach Jahren des Einsatzes nicht geleistet werden: Die Probleme reichten von misslungenen Absprachen über Materialmangel in der DDR und vor Ort bis hin zu banalen Dingen, wie dass die Lichtschranke an der Einfahrt zum Präsidentenpalast regelmäßig von Hühnern und Hunden ausgelöst wurde.[25]

---

[23] Vereinbarung über die Zusammenarbeit in deutscher und portugiesischer Sprache vom 17.10.1978. BStU MfS Abt. X Nr. 1768, S. 1–18.
[24] Einschätzung von Stefan Schneider von Januar 1989. BStU MfS HA XIX Nr. 7338, S. 9.
[25] Aktenvermerk vom 19.7.1989. BStU MfS OTS Nr. 1316, S. 55.

Abb. 2: Erich Mielke und Mosambiks Präsident Samora Machel in Ost-Berlin (ca. 1980).

Besonders engagiert – und natürlich auch spezialisiert – war das MfS im Bereich der Grenz- und Zollkontrolle. Eine Reihe von Grenzposten wurde vom MfS aufgebaut und mit Technik ausgestattet sowie Mitarbeiter*innen in Mosambik und der DDR geschult. Ein Zollapparat nach ostdeutschem Vorbild wurde über viele Jahre etabliert, und mit großem Engagement entsandte das MfS alle nötigen Utensilien bis hin zur Stempelfarbe.[26]

Doch vor allem die Projekte, bei denen Technik erforderlich war, scheiterten zumeist. Die entsprechende Ausrüstung war entweder veraltet oder unvollständig – außerdem passte sie oftmals nicht zur bereits vorhandenen westlichen Ausstattung. Hinzu kam, dass viele Materialien durch unsachgemäße Handhabung und das extreme Klima schnell verschlissen.

Im Laufe des mosambikanischen Bürgerkrieges wurde die Staatssicherheit dazu gezwungen, den Fokus darauf zu richten, DDR-

---

[26] Lieferliste von 1981. BStU MfS Abt. X Nr. 90, S. 172.

Bürger*innen zu schützen. Den Mord an acht Männern in Unango[27] 1984 hatte das MfS nicht verhindert – obwohl von dort und auch aus anderen Wohnkomplexen immer wieder Hilferufe und Nachrichten über die Verschlechterung der Lage an die DDR-Botschaft gerichtet wurden und somit bis in die MfS-Zentrale nach Ost-Berlin gelangten.[28] Anschließend bemühten sich die Verantwortlichen um einen besseren Schutz, aber auch darum, dass die Angehörigen der Opfer sich nicht öffentlich über den Vorfall äußerten.[29]

Wie oben erwähnt, war die wirtschaftliche Dimension – oder in MfS-Sprache: der »kommerzielle Austausch« – von besonderer Wichtigkeit. Wie genau sah diese Verflechtung aus? Abgesehen davon, dass das MfS sich für einen großen Teil seiner Tätigkeiten mit Devisen oder Materiallieferungen entlohnen ließ, wurden alle wirtschaftlichen Beziehungen überwacht und durch einen Informanten, der an allen Verhandlungen teilnahm, möglichst im Sinne des MfS beeinflusst. Der Bereich Kommerzielle Koordinierung (KoKo) war für die Absprachen und deren Umsetzung verantwortlich, und im Fall von Mosambik war der Hauptverhandlungsführer gleichzeitig MfS-Informant. Die Staatssicherheit exportierte Waffen aus Beständen des MfS und der NVA nach Mosambik. Das MfS nutze dafür die ostdeutsche Deckfirma IMES[30], welche solche Deals abwickelte. Neben den Waffengeschäften versuchte diese DDR-Firma in Mosambik und Südafrika auch an Computertechnik und Edelsteine zu kommen – die sie offiziell nicht erwerben durfte.[31]

Obwohl viele Vorhaben nicht oder nur im Ansatz realisiert werden konnten, lässt sich festhalten, dass die Arbeit des MfS in Mosambik eine neue Qualität bekam: Dies betrifft sowohl den erhöhten Aufwand, der betrieben wurde, als auch die Verflechtung von geheimdienstlicher Arbeit und wirtschaftlichen Interessen. Auch wenn die Rechnung

---

[27] Information zum Überfall vom 8.12.1984. BStU MfS ZAIG Nr. 3407, S. 11.
[28] Zu den operativen Einsatzkräften vom 8.12.1984. BStU MfS ZAIG Nr. 6726, S. 134.
[29] Information über Stimmungen und Reaktionen vom 13.12.1984. BStU MfS HA XVIII Nr. 19270, S. 100–102.
[30] REINHARD BUTHMANN: Die Arbeitsgruppe Bereich Kommerzielle Koordinierung. Berlin 2004, S. 15.
[31] Bericht von Dieter Uhlig. MfS AIM 7735/91 II/4, S. 71.

am Ende nicht aufging, wurde dieses Vorgehen in den 1980er Jahren (beispielsweise in Nicaragua) fortgesetzt.

Am Ende stellt sich die Frage, warum sich die Hoffnungen in Mosambik nicht erfüllten. Eine Reihe von Gründen dient zur Erklärung: Zum einen hatte das MfS keine realistische Vorstellung vom Partnerland, dem Partnerorgan und den Menschen, die dort arbeiteten. Es kam stetig zu interkulturellen Konflikten – diese basierten auch auf dem Selbstverständnis der MfS-Mitarbeiter*innen, dass sie die dominante Kraft in diesem Verhältnis seien. Hinzu kam die unvorteilhafte Situation, dass das MfS in Ost-Berlin Pläne und Projekte erarbeitete, die die Gegebenheiten und Bedürfnisse vor Ort größtenteils ignorierten.

Erschwerend kam hinzu, dass in Mosambik Krieg herrschte und laufende Projekte, Wohnkomplexe oder Mitarbeiter*innen attackiert wurden – so beispielsweise Grenzposten, welche mit Funktechnik und Zollmaterialien ausgestattet werden sollten. Gleichzeitig richtete die mosambikanische Seite im Zuge des Krieges die Hauptenergie auf den Ausbau des Militärs und stellte den SNASP hinten an. Und auch die ökonomische Krise trug einen wesentlichen Teil zum Scheitern der MfS-Arbeit bei: Viele versprochene Güter und Waren aus der DDR wurden nicht, nur teilweise oder schadhaft geliefert. In anderen Ländern hatte das MfS mit den gleichen Problemen zu kämpfen. In Äthiopien gingen die Mängel sogar so weit, dass die Regierung zu einem Zeitpunkt vermutete, dass die Hilfsmaßnahmen des MfS nur ein Vorwand wären, um die neue Regierung zu sabotieren.[32] In Mosambik führten die andauernden Probleme und Missstimmungen dazu, dass sich der SNASP gegen Ende der 1980er Jahre immer mehr den westlichen Partnern zuwandte. Auch ohne den Zusammenbruch des sozialistischen Blocks wäre die Beziehung vermutlich nicht mehr zu retten gewesen.

---

[32] Hintergrundinformationen zum Konflikt in Äthiopien. BStU MfS HA XXII 16889, S. 1–145.

Das Versagen und die Gründe dahinter

Die Analyse der Beziehungen zwischen SNASP und MfS führen zu einigen allgemeinen und übergeordneten Schlüssen. Die Aktivitäten des MfS lassen sich mit dem von Christoph Bayly geprägten Ausdruck »intelligence failure« beschreiben.[33] Gemeint ist ein elementares Versagen des Nachrichtendienstes und eine mangelnde Kenntnis der lokalen Umstände, welche zum Scheitern der Aktionen und Kooperationen führt. Dabei geht es nicht um das Scheitern einzelner Missionen, sondern darum, die Gründe dahinter zu erkennen.

Diese lassen sich im Fall des MfS im Globalen Süden auf zwei Ebenen ausmachen. Erstens sind die strukturellen Probleme der DDR zu nennen: Entscheidungen wurden hierarchisch gefällt, oft im Zentralkomitee oder an der Spitze des MfS beschlossen und entsprachen nicht den Bedingungen vor Ort. Hinzu kam ein starker Wettbewerb um Macht und Ressourcen innerhalb der DDR, so beispielsweise zwischen der NVA und dem MfS, aber auch zwischen verschiedenen Abteilungen innerhalb der Staatssicherheit und auch zwischen verschiedenen Ländern des Warschauer Paktes. Erschwerend wirkte ab den späten 1970er Jahren die wirtschaftliche Krise der DDR.

Als zweite Ebene muss der unmittelbare Kontakt vor Ort gesehen werden. In der Analyse der schriftlichen Quellen sowie der Zeitzeugengespräche trat deutlich hervor, dass die Beziehungen konfliktgeladen waren. Interkulturelle Konflikte entstanden aufgrund von Sprachbarrieren und eines mangelnden Verständnisses für die andere Kultur, deren Identität und Codes. Die MfS-Mitarbeiter*innen hatten oft noch nie zuvor die DDR verlassen – geschweige denn einen anderen Kontinent betreten. Für sie war es meist der erste große Kulturschock, dass sich die Menschen in den Partnerländern noch nie mit Marxismus-Leninismus auseinandergesetzt hatten. Zusätzlich waren sie stark vom Hierarchie-Denken der eigenen Institution geprägt und erhofften sich daher im Umgang mit den Partner*innen eine Lehrer-Schüler-Dynamik, die sich jedoch nicht erfüllte. Dementsprechend wurden Absprachen nicht auf Augenhöhe getroffen,

---

[33] CHRISTOPHER BAYLY: Empire and Information: Intelligence Gathering and Social Communication in India, 1780–1870. Cambridge 1996.

verschieden umgesetzt, und die Frustration steigerte sich auf beiden Seiten kontinuierlich. Dies wog besonders schwer, da MfS-Mitarbeiter*innen gelernt hatten, dass die politischen Ideen alle Unterschiede überwinden würden und im Sozialismus alle Völker vereint wären. Der Schock war groß, wenn sich diese Utopie nicht einstellte und ihre Ideen nicht der Schlüssel zur Entwicklung des Globalen Südens waren. Die Staatssicherheit, deren Hauptaufgabe es war, Informationen zu sammeln, schaffte es nicht, diese zu nutzen, um den Partner besser zu verstehen und die Kooperation zum Erfolg zu führen. Grund dafür mag sein, dass es dem hoch spezialisierten Apparat an interkulturellen Fähigkeiten mangelte und die marxistisch-leninistische Interpretation der Welt nicht ausreichte, um alle Unterschiede und Krisen zu überwinden. Auch wenn die tschekistische Herangehensweise die Partner als ›Brüder‹ verstehen wollte, wurde eine Zusammenarbeit nicht auf Augenhöhe betrieben und die Notsituation des Partners zum eigenen Vorteil ausgenutzt. In den Dokumenten lässt sich kein Moment der Selbstreflexion oder der Justierung des eigenen Vorgehens finden. Die Überzeugung des »richtigen« Handelns blieb bestehen, und so konstatierte Markus Wolf noch 2006: »Ich war vor zwei Jahren auch noch mal in Sansibar, vierzig Jahre hatte ich das Land nicht mehr gesehen. In dieser Region sind wir, die DDR, das eigentliche Deutschland.«[34]

Was bleibt?

Aus dem Blickwinkel des globalen Systemkampfes wird deutlich, dass die Geheimdienste beider Seiten versuchten, ihren Konflikt in der Peripherie auszutragen und Länder für das jeweils eigene Lager zu gewinnen. Sie nahmen in Kauf, dass der Kalte Krieg dort nicht selten in heiße Kriege umschlug. Dies führt zu der Überlegung, ob die Bezeichnung *Kalter* Krieg aus der Perspektive des Globalen Südens mittlerweile nicht hinfällig ist. Das Interesse der Großmächte war es, den weltweiten Konflikt mit allen Mitteln für sich zu gewinnen. Gleichzeitig stellt sich die Frage, ob das MfS jemals direkt in

---

[34] HANS-DIETER SCHÜTT: Markus Wolf (wie Anm. 6), S. 125.

Kriegshandlungen verstrickt war. In den Quellen lassen sich dafür keine Beweise finden. Es steht allerdings fest, dass das Ministerium zusammen mit der NVA Militär ausbildete, die entsprechende Infrastruktur ausbaute und vor allem mit Hilfe der UdSSR Waffen in die Konfliktregionen lieferte.[35]

Obwohl die Beziehungen konfliktgeladen waren und nicht als erfolgreich bezeichnet werden können, kehrten viele MfS-Mitarbeiter*innen nach ihrem Aufenthalt in den jeweiligen Ländern verändert heim. Ob sie Empathie für die Partnerinstitution entwickelt hatten oder eher ein Misslingen nicht anerkennen wollten – jedenfalls setzten sich nicht wenige Personen nach ihrer Rückkehr weiter für die Unterstützung der jeweiligen Länder ein. Laut Zeitzeugenaussagen war Markus Wolf nicht der einzige, der nach dem Mauerfall weiterhin Kontakt zu den Partnern hielt. Er selbst ist stolz darauf, dass das Erbe des MfS nach 1989 fortbestand:

»Wenn ich in Afrika war, konnte man mitunter annehmen, die DDR existiere noch, und noch immer gelte sie als der wichtigere Teil Deutschlands. [...] Die Leute, mit denen wir es damals zu tun hatten, sind überall noch da.«[36]

Viele Organe, die das MfS unterstützt oder aufgebaut hat, blieben auch nach dem Zusammenbruch der Sowjetunion bestehen und stehen bis heute für Schrecken und Menschenrechtsverbrechen in den Ländern des Globalen Südens. Oft endeten die lokalen Konflikte nicht 1989 oder entwickelten sich sogar noch dramatischer durch das Wegbrechen der Unterstützung aus den ›verfeindeten‹ Lagern. Es wäre daher notwendig, nicht nur die geheimdienstlichen internationalen Konflikte während des Kalten Krieges zu betrachten, sondern auch die post-sozialistische Situation in diesen Ländern zu

---

[35] An dieser Stelle ist es wichtig zu betonen, dass ich, auch wenn ich in meiner Analyse und den darauf basierenden Erläuterungen den Fokus auf das MfS gerichtet habe, die Gegenseite – die Partnerländer im Globalen Süden – nicht als passiv verstanden wissen möchte. Vielen der involvierten Personen waren die Interessen der DDR und des MfS durchaus bewusst, und die Partnerorgane versuchten gezielt, westliche und östliche Dienste zum eigenen Vorteil gegeneinander auszuspielen.

[36] HANS-DIETER SCHÜTT: Markus Wolf (wie Anm. 6), S. 125.

untersuchen und das Erbe, welches beispielsweise die DDR und das MfS hinterlassen haben, kritisch zu betrachten. In den meisten Ländern fehlt es bisher an jeglicher historischer Aufarbeitung der Staatssicherheitsdienste und der von ihnen verübten Verbrechen. Dies erklärt sich natürlich daraus, dass viele Dienste entweder noch immer aktiv sind oder deren Mitglieder sich in wichtigen Positionen in Politik und Wirtschaft befinden, was eine Form von ›Wahrheitsfindung‹ im Sinne eines Demokratisierungsprozesses oder auch eine wissenschaftliche Auseinandersetzung nahezu unmöglich macht.

Christian Saehrendt

Kunst im Kampf für das »Sozialistische Weltsystem«. Die Auswärtige Kulturpolitik der DDR in Afrika und Nahost[*]

Antikoloniale und nationalistische Revolten erschütterten nach dem Zweiten Weltkrieg Afrika und den Nahen Osten: »Freie Offiziere« putschten 1952 in Ägypten, 1954 stürzte die Militärdiktatur in Syrien, 1956 entbrannte der Aufstand in Algerien, im gleichen Jahr wurde der Sudan unabhängig. 1958 fand ein Umsturz im Irak statt, 1962 folgte eine antimonarchistische Revolte im Jemen, 1963 ergriff die Baath-Partei in Damaskus und in Bagdad die Macht. Antiwestliche Umwälzungen folgten im Südjemen, im Sudan, in Libyen. In Afrika wurden zahlreiche Staaten zwischen 1956 und 1963 unabhängig. Viele neue Regimes kündigten westliche Militärstützpunkte und nationalisierten Großgrundbesitz, Bergbau oder Ölförderung. Für den Ostblock ergab sich eine historische Chance, das »Sozialistische Weltsystem« nach Süden zu erweitern, vielleicht sogar eine strategische Überlegenheit zu erreichen.

Auf verschiedenen Ebenen agierte die DDR in Afrika und Nahost als Juniorpartner der UdSSR und bemühte sich, durch umfangreiche Hilfe den Staatsaufbau, die Wirtschaft und Infrastruktur in den neuen Nationen voranzubringen. Im Zuge dieser Hilfe zum Nation Building spielten strategische Überlegungen eine wichtige Rolle. Die DDR konnte auf diese Weise die Hallsteindoktrin aushebeln und versuchen, nachhaltigen und langfristigen Einfluss auf die Wirtschaftspolitik der neuen Nationalstaaten zu nehmen, etwa, um sich Rohstoffe und Absatzmärkte zu sichern. Ein weiteres Motiv liegt im Selbstverständnis der DDR: Ungeachtet der bürokratischen Schwergängigkeit und kulturellen Biederkeit ihres Parteiapparates und ungeachtet des

---

[*] Der Text ist ein überarbeiteter Auszug aus der Monographie des Autors: Kunst im Kampf für das »Sozialistische Weltsystem«. Die Auswärtige Kulturpolitik der DDR in Afrika und Nahost. Stuttgart 2017.

überaltert und steif wirkenden Erscheinungsbildes ihrer Funktionärs-Führungsriege verstand sich die DDR als dynamische und junge Nation. Die SED konnte aber keine charismatischen, jungen und international ausstrahlenden Führer wie Fidel Castro, Nasser oder Lumumba ins Feld führen. Fast scheint es, dass sich die führenden SED-Funktionäre leihweise mit Ersatzhelden umgaben, mit Sportlern, Künstlern oder Anführern ausländischer Befreiungsbewegungen, um von deren Ruhm und Attraktivität zu profitieren. Vielleicht war damit auch die Hoffnung auf einen Charisma-Transfer verbunden: Die bürokratisch früh erstarrte DDR imaginierte sich als junge Nation, die moskauhörige SED als deutsche Befreiungsbewegung, in einer Front mit den jungen Nationalstaaten Afrikas und Asiens, brüderlich vereint im Kampf gegen die alten Kolonialmächte und den Rassismus des Westens. Fidel Castro, Ho Chi Minh, Samora Machel, aber auch die US-Amerikanerin Angela Davis waren Heldenfiguren, an die sich das Politbüro anhängen konnte.

Nicht nur durch Hilfe und Zusammenarbeit in den Bereichen von Technik, Wirtschaft und Verwaltung sollte Einfluss auf die Eliten der neuen Staaten gesichert werden, sondern auch durch Wissenschafts-, Kultur- und Ideologieexport. Kunst, Bildung und marxistische Schulung gehörten ebenfalls zum außenpolitischen Instrumentarium. Sogenannte Regierungsberater, die die DDR nach Ägypten, Syrien, dem Jemen oder Mosambik entsandte, hatten im Rahmen der internationalen Zusammenarbeit auch den Auftrag, bei ihren Partnern marxistisches Gedankengut zu verbreiten. Ihre Wirksamkeit scheint jedoch oftmals überschätzt worden zu sein.[1] In einigen Fällen wurden sie über die wahren Pläne und Probleme der Partnerregimes systematisch in Unkenntnis gehalten, in anderen Fällen mussten die Regierungsberater das Land nach politischen Richtungswechseln verlassen, so unter der Ägide von Anwar as-Sadat Ägypten und in der Ära Hafiz al-Assad Syrien. Es scheint, als ob sie weniger hinsichtlich der Ausbreitung marxistischen Denkens als zum Aufbau eines funktionierenden Staatswesens gefragt waren, wobei letztere Aufgabe

---

[1] Gespräch des Autors mit ULRICH VAN DER HEYDEN, Berlin, 22.6.2016.

aus Sicht der Partnerregimes weit dringlicher erschien.² Ob die Hilfe der DDR zum Nation Building in Afrika und Nahost erfolgreich und nachhaltig war – diese Frage scheint die Geschichte bereits beantwortet zu haben. Nicht wenige Staaten, zu denen die DDR intensive sicherheitspolitische, wirtschaftliche und kulturelle Beziehungen pflegte und deren Aufbau sie unterstützte, sind mittlerweile zerfallen und in Bürgerkriegen versunken: Syrien, Irak, Libyen, Jemen, Somalia, Sudan, Äthiopien oder Mali. Andere ehemalige Partnerstaaten stagnierten oder erstarrten unter autoritären und kleptokratischen Regimes wie Guinea oder Simbabwe. Doch waren weder der Untergang der DDR noch der Zusammenbruch ihrer arabisch-afrikanischen Partnerländer vorhersehbar. Im Gegenteil, die Zusammenarbeit erschien vor dem Hintergrund eines aufstrebenden Panarabismus und einer jungen, linksnationalistischen Elite in Nahost ebenso vielversprechend wie in Afrika, wo vielerorts panafrikanische Charismatiker an die Macht kamen und Wege zu einem »Afrikanischen Sozialismus« gesucht wurden.

Der Realsozialismus erschien den neuen Eliten und jungen, machthungrigen Offizieren in den unabhängig geworden Nationen als attraktives Modell. Die Herrschaft einer Junta, abgestützt auf den Staatsapparat und eine Massenpartei, schien ihnen am besten dafür geeignet, eine effektive Verwaltung aufzubauen und ökonomische Großprojekte durchzusetzen. Auf diese Weise kamen zahlreiche linksnationalistische Militärregimes an die Macht. Die Sowjetunion setzte bei einer Zusammenarbeit stets auf die offizielle Armee eines Entwicklungslandes und weniger auf einzelne Milizen oder Parteien, selbst wenn diese sich dezidiert marxistisch gaben. Allein der Armee wurde zugetraut, auch die wirtschaftliche Entwicklung in Richtung Sozialismus voranzubringen – eine Politik, die auf Thesen des sowjetischen Dritte-Welt-Forschers G. I. Mirskij aufbaute.³ Rüstungshilfe und der Verkauf von wartungsintensiven Großwaffen ermöglichen

---

[2] MASSIMILIANO TRENTIN: The Regierungsberater in Damascus. The Expertise of the German Democratic Republic in Syrian State-building: 1965–1972. In: *Phoenix in Domo Foscari. The Online Journal of Oriental Studies*, Nr. 2/2009, S. 491–606. Online verfügbar unter URL: https://iris.unive.it/retrieve/handle/10278/23147/21942/phoenix-06062010.pdf (letzter Zugriff: 27.09.2022).

[3] G. I. MIRSKIJ: Dritte Welt. Gesellschaft, Macht, Armee. Moskau 1976.

eine intensive und dauerhafte Zusammenarbeit, vor allem schufen sie Abhängigkeiten. Schulungen von Offizieren in der DDR oder UdSSR, gemeinsame Manöver und die Präsenz von Militärberatern im Land festigten die Bindung und ideologische Einflussnahme. Die DDR bildete zahlreiche Militärs aus befreundeten afrikanischen und asiatischen Staaten aus, die stärksten Kontingente kamen aus der Volksrepublik Kongo (424), Vietnam (390), Syrien (355), Nicaragua (329), Libyen (283) und Mosambik (281).[4] Das Modell einer Entwicklungsdiktatur wurde in den dekolonialisierten Ländern rasch populär. Mit ihrer Hilfe planten die neuen Eliten aus den multiethnischen Kolonialterritorien moderne Nationalstaaten zu formen. Zentralisierung, Modernisierung und Homogenisierung sollten quasi im Gleichklang durchgesetzt werden, wobei einerseits innere Widerstände überwunden wie andererseits äußere Feinde (darunter die alten Kolonialmächte) abgehalten werden mussten. Verwaltungsaufbau, Ausbau des Bildungssystems, Gründung von Massenmedien und Ausbildung von administrativen Kadern waren dringliche Aufgaben, bei denen die DDR zu assistieren bereit war. Die DDR leistete umfangreiche Hilfe beim Nation Building, indem sie Fach- und Führungskräfte der neuen Nationen in verwaltungstechnischen und kommunalpolitischen Lehrgängen ausbildete. Tagungen, wechselseitige Besuche von Kommunalpolitikern, Städtepartnerschaften, Kulturaustauschprogramme und Seminare am Weimarer Institut für Verwaltungspolitik festigten die Beziehungen der DDR zu den teilnehmenden Ländern und gehörten zur Strategie, durch Ausbildungshilfe in Afrika und Nahost einen sukzessiven Elitentausch herbeizuführen, der der DDR mehr Einfluss ermöglichen würde.[5] In einigen Ländern Afrikas und des Nahen Ostens wurden zunächst, auch dank der Unterstützung durch die DDR und andere Ostblockstaaten, beim Aufbau der Verwaltung, des Gesundheits- und Bildungswesen, der Industrie und der Infrastruktur signifikante Fortschritte erzielt. Doch das starke Bevölkerungswachstum konterkarierte bereits in den 1970er und 1980er Jahren die

---

[4] KLAUS STORKMANN: 30.000 DDR-Militärexperten im Afrikaeinsatz? Legenden und Wirklichkeit der DDR-Militärhilfe für die Dritte Welt. In: *Gerbergasse 18*, 1/2015, S. 20–25, hier S. 24.

[5] WOLFGANG SCHMIDT-STRECKENBACH: Zur Fortbildung von Fach- und Führungskräften aus Entwicklungsländern. In: *Deutsche Studien* 24, Nr. 93/1986, S. 26–46.

errungenen Erfolge. Zudem stürzten Guerillabewegungen Länder wie Angola oder Mosambik in langanhaltende und verheerende Bürgerkriege. Viele Regierungen verfielen angesichts starker innerer und äußerer Widerstände zu repressiven Diktaturen, die nach und nach an Legitimation verloren. Ineffizienz, Planungsfehler und Korruption nahmen zu, nunmehr gedeckelt durch eine ubiquitäre Staatsideologie, einen ausufernden Führerkult und umfassende Geheimdienstpräsenz. In dieser Phase kam der DDR das zweifelhafte Verdienst zu, durch sicherheitspolitische Zusammenarbeit jene Diktaturen stabilisiert zu haben, die eine echte gesellschaftliche Weiterentwicklung jahrzehntelang behinderten, bis sie im neuen Jahrtausend in Revolten und Bürgerkriegen untergingen. Dennoch würde es der historischen Erkenntnis nicht nutzen, wenn man die Kooperation der DDR mit den neuen afrikanischen und arabischen Staaten nur »vom Ende her«, nur im Wissen um das spätere Scheitern betrachtet. Tatsächlich handelte es sich in den 1960er Jahren um eine historisch offene Situation, in der eine positive Zukunft möglich schien und in der sich viele Beteiligte mit großer Hoffnung und großem Enthusiasmus engagierten.

»Schwarzafrika« wird rot: Der Kampf um die Erbmasse des portugiesischen Kolonialreiches

Gut 400 Jahre lang war Portugal in Afrika präsent gewesen. Ohne die Mithilfe von Afroportugiesen wäre der Kolonialbesitz nicht über einen derart langen Zeitraum zu halten gewesen. In den Kolonien geborene weiße und schwarze Portugiesen, Brasilianer und gebildete Afrikaner sicherten jahrhundertelang den Fortbestand der afrikanischen Kolonien.[6] Das portugiesische Kolonialreich war das erste tatsächliche »Weltsystem« und zugleich das am längsten bestehende europäische Kolonialreich. Seine einzelnen Elemente waren nicht nur durch die Zentrale Lissabon miteinander verbunden, sondern hatten auch untereinander Beziehungen, tauschten Ströme von Menschen, Waren und Wissen aus, selbst die künstlerischen Formen waren in diesem

---

[6] ADAM JONES: Afrika bis 1850. Neue Fischer Weltgeschichte. Bd. 19, Frankfurt am Main 2016, S. 333.

System auf Wanderschaft, wie der Buchtitel A *viagem das formas* belegte.[7] Das im 20. Jahrhundert aufkommende vereinheitlichende Konzept des *Assimilação uniformizadora* (einheitliche Assimilation) betrachtete die afrikanischen Kolonien nun aber als integrale Bestandteile der Nation Portugal. Zur akuten Krise in Angola führte die Masseneinwanderung weißer Portugiesen nach dem Zweiten Weltkrieg, die ökonomische Verdrängungsprozesse und Benachteiligungen der indigenen Einwohner nach sich zog, während sich zugleich die Ideen des afrikanischen Befreiungskampfes aus den angrenzenden, nunmehr unabhängigen Ländern in die portugiesischen Kolonien ausbreiteten, aufgenommen und angeheizt von linksorientierten Assimilados, die in Portugal studiert und sich dort organisiert hatten. Bereits 1961 nahmen sie den bewaffneten Befreiungskampf in einzelnen, abgelegenen Gebieten in den portugiesischen Kolonien auf. Am 25. April 1974 kam es in Portugal zu einem linksgerichteten Militärputsch, der breite Unterstützung der Bevölkerung erhielt und als »Nelkenrevolution« in die Geschichte einging. Eine wesentliche Ursache war die wachsende Kriegsmüdigkeit in der auf drei Kriegsschauplätzen überforderten portugiesischen Armee. Rund 100.000 Fahnenflüchtige und Kriegsdienstverweigerer gab es zu diesem Zeitpunkt bereits, viele von ihnen waren ins Exil gegangen. Zu den Hauptforderungen der Nelkenrevolution gehörten das sofortige Ende des Kolonialkrieges und eine Generalamnestie für Deserteure und Kriegsdienstverweigerer. Die neue Führung in Lissabon schloss umgehend Waffenstillstandsverträge mit den afrikanischen Unabhängigkeitsbewegungen und sicherte ein baldiges Ende der Kolonialherrschaft zu. Guinea-Bissau wurde die Unabhängigkeit noch im selben Jahr gewährt. Angola und Mosambik, São Tomé und Príncipe sowie Kap Verde folgten 1975.

---

[7] PEDRO DIAS: A viagem das formas. Eestudos sobre as relações artísticas de Portugal com Europa a Africa, o Oriente as Américas [Die Reise der Formen. Studien zu den künstlerischen Beziehungen Portugals zu Europa und Afrika, dem Orient und Amerika]. Lissabon 1995.

Solidarität mit dem Frontstaat Angola

In Angola agierten mehrere Guerillabewegungen. Lange Zeit, eigentlich bis zum Ende des Krieges 1974, traten die Befreiungsbewegungen auf der Stelle, während die Portugiesen mit ihren Truppen und ihrer Geheimpolizei die wichtigsten Städte und Gebiete unter Kontrolle hielten. Der Arzt und Dichter António Agostinho Neto (1922–1979) war Gründungsmitglied und Vorsitzender der Volksbewegung zur Befreiung Angolas MPLA, später wurde er der erste Präsident Angolas. Neto war zugleich der Vorsitzende der angolanischen Schriftstellervereinigung União de Escritores Angolanos und könnte in die Kategorie der »Künstler-Politiker« eingestuft werden. Im Mai 1974 besuchte Neto die DDR. Im gleichen Jahr handelten der MPLA und die konkurrierenden Befreiungsbewegungen FNLA und die UNITA separate Waffenstillstandsabkommen mit der neuen portugiesischen Regierung aus. Unmittelbar danach brachen Kämpfe um die Kontrolle der Hauptstadt aus. Zum Zeitpunkt der Unabhängigkeitserklärung am 11. November 1975 befand sich das Land schon im offenen Bürgerkrieg. Im Dezember 1975 wurde eine erste Gruppe von 50 Verwundeten der MPLA-Milizen in DDR-Krankenhäusern behandelt.[8] Der MPLA konnte zwar die Regierung bilden, sah sich jedoch mit dem Widerstand der UNITA konfrontiert, die vom Westen und von Südafrika unterstützt wurde. Die DDR stellte sich sofort auf die Seite des umstrittenen MPLA-Regimes. Da sich die Öllieferungen aus der Sowjetunion permanent verteuerten, war die DDR daran interessiert, sich andere Rohstoff- und Energiequellen zu erschließen. Angola konnte in dieser Hinsicht ein wichtiger Handelspartner werden. Eine Delegation der DDR wohnte 1977 dem ersten MPLA-Parteitag bei. Das Außenhandelsvolumen beider Staaten stieg noch im gleichen Jahr sprunghaft an. Ein dichtes Netz von Beziehungen parteipolitischer und staatlicher Organisationen beider Länder wurde geknüpft, viele Delegationen besuchten wechselseitig Berlin und Luanda.[9] Angola lehnte sich unter

---

[8] Aktennotiz von Beratung im Ministerium für das Gesundheitswesen 22.12.1975. BArch DZ 8 Nr. 162.

[9] JOHANNES KUPPE: Teure Freunde. Zum Staatsbesuch von Angolas Staatspräsident in der DDR. In: *Deutschlandarchiv* 11/1981, S. 1130–1133, hier S. 1130 f.

Führung von Netos Nachfolger José Eduardo dos Santos ab 1979 immer stärker an den Ostblock an und blieb auch dauerhaft anlehnungsbedürftig.[10]

Die Zusammenarbeit der DDR mit der Volksrepublik fand auch auf der kulturellen Ebene statt. Mehrfach wurde Kunst aus Angola in der DDR präsentiert. Während Erich Honecker auf Staatsbesuch in Luanda weilte[11], gewährte die Ausstellung »Angola – traditionelle Kunst – Kunst der Gegenwart« im Frühjahr 1979 im Völkerkundemuseum Dresden einen Überblick über die Kunstgeschichte des Landes.[12] Das Museum bot Kunst aus Afrika und Asien regelmäßig eine Plattform.[13] Die Plastiken, Metallarbeiten und die Malerei zeugten laut der DDR-Presse von den »vielgestaltigen Bemühungen, das nationale Kulturerbe Angolas sorgsam zu wahren und eine revolutionäre Kultur zu entwickeln.«[14] Eine kulturhistorische Ausstellung mit 750 Artefakten aus allen Epochen, von der Antike bis in die Gegenwart, von Werkzeugen und Haushaltsgegenständen bis hin zur Kunst (»von der Kamelglocke bis zum Agitationsposter«) aus Angola, Mosambik und Äthiopien fand im Herbst 1980 im Ausstellungszentrum am Fernsehturm in Ostberlin statt.[15] 1981 wurde anlässlich des Staatsbesuchs von

---

[10] Allein 1976 wurden Waffen- und Geldhilfen im Wert von 107 Mio. DM geleistet. Nach HERMANN WENTKER: Außenpolitik in engen Grenzen. Die DDR im internationalen System. München 2007, S. 462 f.

[11] *Neues Deutschland* vom 19.2.1979.

[12] Ausstellung »Angola – traditionelle Kunst – Kunst der Gegenwart« im Völkerkundemuseum Dresden 24.2.–25.3.1979, anschließend in Budapest. BArch DR 123 Nr. 118.

[13] »In der Regel liefen die Kooperationen zu blockfreien Staaten vermittelt über das Ministerium für Hoch- und Fachschulwesen, dem das Museum für Völkerkunde im Japanischen Palais als Forschungseinrichtung damals unterstand, das Ministerium für Kultur oder das Zentrum für Kunstausstellungen der DDR. Auch die Bezirks- und Stadtleitung der SED war gelegentlich involviert. Ausnahmen sind Gastausstellungen aus Museen der ›sozialistischen Bruderstaaten‹, mit denen direkt kooperiert werden konnte. Erst ab 1977 gab es überhaupt die Möglichkeit, in diesem schwer vom Krieg gezeichneten Gebäude Ausstellungen zu zeigen.« PETRA MARTIN, Kustodin Staatliche Ethnographische Sammlungen Sachsen, per E-Mail an den Autor, 17.11.2016.

[14] *Neue Zeit* vom 24.2.1979.

[15] Ausstellungszentrum Fernsehturm 1.10.–26.10.1980. BArch DR 123 Nr. 143.

Präsident dos Santos in der DDR ein Arbeitsplan über die kulturelle und wissenschaftliche Zusammenarbeit unterzeichnet.[16]

Eine afrikanische DDR? Die Allianz mit der Volksrepublik Mosambik

In den 1970er Jahren standen fast 70.000 portugiesische Soldaten in Mosambik, um es gegen eine Guerilla von etwa 10.000 Mann zu sichern. Die Armee musste sich nicht zuletzt aus Kostengründen auf den Süden mit der Hauptstadt Lourenço Marques zurückziehen. Immer mehr Soldaten verweigerten den Einsatz und blieben in den Kasernen, während die Mosambikanische Befreiungsfront FRELIMO das Machtvakuum ausfüllte und sich in den Provinzen ausbreitete. Am 8. September 1974 wurde ein Waffenstillstandsvertrag unterzeichnet und darin die Unabhängigkeit des Landes für 1975 festgelegt. Der Exodus Hunderttausender Portugiesen setzte ein. Samora Machel trat das Amt des Staatspräsidenten im nunmehr unabhängig gewordenen Mosambik an. Das Land wurde zur Volksrepublik Mosambik erklärt (VRM), zu einem sozialistischen Einparteienstaat mit engen Beziehungen zur Sowjetunion, der DDR und China, was umgehend eine antikommunistische, vom Westen unterstützte Widerstandsbewegung namens Resistência Nacional Moçambicana (RENAMO) herausforderte. Am 24. Februar 1979 besuchte Erich Honecker die Volksrepublik und unterzeichnete einen Vertrag über Freundschaft und wirtschaftliche Zusammenarbeit. Im Folgejahr starteten ostdeutsche Fachkräfte in der Provinz Niassa eines der größten landwirtschaftlichen Entwicklungshilfeprojekte in Afrika. Vorgesehen war die Errichtung von mehreren Großfarmen mit bis zu 120.000 Hektar Anbaufläche für Agrarprodukte, die größtenteils in die DDR geliefert werden sollten – als nachträgliche Abzahlung der umfangreichen Kredite, Fahrzeug- und Maschinenlieferungen, die die DDR Mosambik bereits gewährt hatte. Die DDR war daran interessiert, sich alternative Rohstoff- und Energiequellen zu erschließen. Die vermehrte Einfuhr von Genussmitteln wie Kaffee, Kakao und Südfrüchten sollte die Stimmung der Konsumenten heben, Kohle- und Erdöllieferungen sollten die

---

[16] JOHANNES KUPPE: Teure Freunde (wie Anm. 9), S. 1132.

Energieversorgung verbessern. Die wirtschaftliche Integration afrikanischer und asiatischer Staaten in das Gefüge des sozialistischen Wirtschaftsverbundes RGW konnte in dieser Hinsicht von großem Nutzen sein, wenngleich erhebliche Vorleistungen und Investitionen zu tätigen waren. Während in Angola die Ölförderung von Interesse war, ging es in Mosambik um Schürfrechte für den Bergbau, weil im Abbaugebiet Moatize die größten Steinkohlevorkommen Afrikas vermutet wurden. Der Kohlebergbau in jenem Gebiet erfolgte seit 1977 weitgehend unter der Regie der DDR, die Fördermenge sollte zu gleichen Teilen zwischen beiden Ländern aufgeteilt werden. Die Fachkräfte aus der DDR richteten einen medizinischen Stützpunkt und einen Rettungsdienst für Bergarbeiter ein, und die einheimischen Manager und Vorarbeiter erhielten mehrere Dutzend Fertighäuser aus der DDR. Hinzu kamen Großküche, Schule und Kindergarten. 1980 folgten ein Kultur- und Sozialzentrum sowie ein Kino. So entstand in Moatize eine sozialistische Musterstadt auf afrikanischem Boden, wobei die DDR-Fachkräfte getrennt von den Einheimischen untergebracht worden waren.[17] Im Jahr 1982 gestaltete der ostdeutsche Entwicklungshelfer Harald Heinke zusammen mit dem mosambikanischen Künstler Mankeu Valente Mahumane ein großes Wandgemälde am Kulturzentrum Moatize, das schwarze und weiße Bergleute bei der gemeinsamen Arbeit zeigte.[18] Zusätzlich bildete die DDR in der Lausitz mosambikanische Bergleute aus, die anschließend wieder in ihrer Heimat eingesetzt werden sollten. Die DDR hatte sich zwar nominell Kohleimporte von rund 250.000 t jährlich gesichert, musste aber bei der Verkokung feststellen, dass die Qualität für eine Brikettproduktion nicht ausreiche. Zeitweise waren bis zu 1.000 Entwicklungshelfer und Spezialisten aus der DDR in Mosambik im Einsatz. Der Bürgerkrieg mit der u. a. von Südafrika unterstützten Widerstandsbewegung RENAMO ruinierte die Volksrepublik, sodass sich Machel mit Südafrika zu arrangieren versuchte und 1985 Ronald Reagan im Weißen Haus

---

[17] »Rostende Erbstücke aus DDR-Zeiten«. In: *Neue Zürcher Zeitung* vom 23.08.2002. Online verfügbar unter URL: http://www.nzz.ch/article8CI86-1.418081 (letzter Zugriff: 27.09.2022).

[18] HARALD HEINKE: Mankeu Valente Mahumane – über den künstlerischen Lebensweg des mosambikanischen Malers. In: *Indaba. Das SADOCC-Magazin für das südliche Afrika* Nr. 66/2010, S. 20–25, hier S. 22.

besuchte. Machel starb im Folgejahr beim Absturz seiner Präsidentenmaschine über Südafrika, dessen Gründe nie vollständig aufgeklärt werden konnten. Die Phase der intensiven Zusammenarbeit der DDR und der VRM währte nur wenige Jahre, von 1975 bis 1985, doch auf der kulturpolitischen Ebene gab es in dieser Zeit zahlreiche Aktivitäten zwischen beiden Ländern.

Der Kulturaustausch mit afrikanischen und arabischen Ländern war zwar eine staatliche Angelegenheit, doch kam es hierbei auch maßgeblich auf das persönliche Engagement Einzelner an, die im Rahmen ihrer Auslandsreisen Freundschaften schlossen und sich für die künstlerische Zusammenarbeit einsetzten. Der ostdeutsche Entwicklungshelfer und Hobbymaler Harald Heinke hielt sich zwischen 1979 und 1985 in Mosambik auf. Er hatte zahlreiche Eindrücke vom afrikanischen Alltag in seinen Bildern wiedergegeben und sich mit dem Maler Mankeu Valente Mahumane (geb. 1934) angefreundet. Mankeu hatte seine autodidaktische Künstlerlaufbahn 1960 eingeschlagen und mit Malangatana und Jacob Estévao Macambaco (1933–2008) ein Trio gebildet.[19] Auch Wolfgang Eckardt (1919–1999) gehörte zu den engagierten Einzelnen, die den Künstlerdialog beider Länder in Gang brachten. Der Rostocker Bildhauer berichtete im Herbst 1986 bei einer Sitzung der Freundschaftsgesellschaft DDR-VRM von der Planung einer Ausstellung in Mosambik. Zudem hatte er vor, dort einen mehrwöchigen Workshop zu organisieren, um den Künstlerverband zu unterstützen. Eckardt plante zu jener Zeit ein Porträt des kürzlich verstorbenen Staatschefs Machel, das er aus der Silhouette des Landes heraus gestalten wollte.[20] Der bekannte Bildhauer und Schöpfer der »Gedenkstätte revolutionärer Matrosen« am Rostocker Stadthafen sammelte Spenden, um mosambikanischen Holzschnitzern Werkzeuge zu kaufen. Er füllte eine schwere Kiste mit Holzschnitzwerkzeug, das nach Maputo verschifft, dort in kleinere Einheiten umgepackt und im Lande verteilt

---

[19] Ebd.; vgl. auch DERS.: Khanimambo Moçambique – Ein Zeitzeuge erzählt. Berlin 2011.

[20] Protokoll der Beratung der Freundschaftsgesellschaft DDR-VRM vom 28.11.1986. BArch DY 13 Nr. 3068.

wurde.²¹ Auf eigene Kosten und mit Unterstützung des Fischkombinates Rostock sowie des Verbandes Bildender Künstler der DDR (VBK) reiste er dreimal nach Mosambik, um Kontakte zu Künstlern wie Mankeu zu pflegen, von dem er auch einige Bilder erwarb. 1982 besuchte Eckardt ein Makondedorf in der Nähe von Pemba: »Da saß er nun auf ebener Erde im Kreis der Gastgeber. Sie erklärten ihm ihre Technik des Schnitzens und er zeigte ihnen, wie man das bei uns macht«, hieß es in einem ostdeutschen Pressebericht. Damals war Eckardt mit einem Jeep 1.500 km ins Landesinnere gefahren. 1987 stellte er in Maputo aus, unter anderem Plastiken, zu denen ihn seine beiden vorangegangenen Reisen inspiriert hatten, einschließlich eines Porträts von Machel. 4.000 Besucher sahen diese Ausstellung, erinnerte sich Eckardt: »Nach der Eröffnung stellte ich immer wieder fest, dass die Besucher die Plastiken in die Hand nahmen – ein für uns ungewohntes Bild.«²² Seine Frau Ilsedore beschrieb die Treffen mit mosambikanischen Künstlerkollegen und Atelierbesuche als herzlich, doch ergaben sich daraus keine konkreten gemeinsamen Projekte. Es gab weder eine Kooperation mit der Kunsthochschule Maputo noch Workshops oder Vorträge Eckardts dort.²³ Mosambikanische Künstler besuchten Eckardt in Rostock, so auch Mankeu, der 1984 auf Einladung der Liga für Völkerfreundschaft in der DDR kam.²⁴

Der Maler und Keramiker Noel Langa (geb. 1938) und sein Bruder Naftal (1932–2014), ein Bildhauer, stellten im Frühjahr 1988 in der Rostocker Kunsthalle aus.²⁵

---

[21] HORST-DIETER SEFFNER: Garnelen und Maipapa vor Südafrika. In: MATTHIAS VOß (HRSG.): Wir haben Spuren hinterlassen. Die DDR in Mosambik. Münster 2005, S. 314–318, hier S. 317.

[22] WOLFGANG ECKARDT: Schnitzeisen nach Maputo. In: *Der Sonntag* vom 28.8.1988.

[23] Gespräch des Autors mit ILSEDORE ECKARDT, 8.4.2016.

[24] HARALD HEINKE: Mankeu Valente Mahumane (wie Anm. 18), S. 23.

[25] Auch suchten die Eckardts den Kontakt zu mosambikanischen Auszubildenden im Fischkombinat Rostock, jenem volkseigenen Betrieb, dem die gesamte Hochseefischerei der DDR oblag und der auch in Maputo tätig war, wo Garnelen gefangen und verarbeitet wurden. Gespräch des Autors mit ILSEDORE ECKARDT, 8.4.2016.

Abb.1: Der mosambikanische Maler und Bildhauer Mankeu Valente Mahumane (2.v.r.) beim Besuch im Atelier des Rostocker Künstlers Wolfgang Eckardt (Mitte) am 13.04.1984.

Die Kulturpolitik der DDR in der Syrisch-Arabischen Republik

1978 erstellte das Ministerium für Auswärtige Angelegenheiten der DDR eine Liste mit fünfzehn außereuropäischen Staaten, die es als »sozialistisch orientiert« einstufte und zu denen intensivere Beziehungen aufgebaut werden sollten. Als Kriterien galten eine zumindest teilweise verstaatlichte Wirtschaft, ein genossenschaftlicher Wirtschaftssektor und eine führende Kaderpartei. Im Nahen Osten hatte sich die DDR bereits seit Mitte der 1950er Jahre auf Syrien und den Irak konzentriert, diese Beziehungen sollten nun verstärkt werden, ebenso die Verbindungen zu den palästinensischen Befreiungsbewegungen PLO und PLFP. Das im Nahen Osten unter jungen Militärs, Studenten und städtischen Eliten populäre panarabische und linksnationalistische Gedankengut der Baath-Partei bot der DDR einige vielversprechende ideologische Anknüpfungspunkte. Die Regimes in Damaskus und Bagdad waren hingegen weniger am marxistischen Ideologieimport interessiert, vielmehr stand die Etablierung pragmatischer Entwicklungsdiktaturen im Vordergrund, deren Sozialismus-Begriff auf eine planmäßige Lenkung der Wirtschaft durch den Staat zielte, auf die Realisierung von Großprojekten und die Nationalisierung von Schlüsselindustrien und Bodenschätzen. Die langfristige Stabilisierung der Baath-Regimes, die bis 2003 im Irak und bis heute in Syrien an der Macht waren bzw. sind, gelang letztlich auch dank der Unterstützung durch die DDR. Dabei versuchten Sowjetunion und DDR nicht nur durch technologische und ökonomische Hilfe langfristigen Einfluss auf die arabischen Eliten auszuüben, sondern auch durch Kultur und Bildung. Syrien war bereits seit Ende der 1950er Jahre zum Schwerpunktland der DDR-Kulturpolitik geworden, dies betraf sowohl die Bildung als auch die Bildende Kunst.[26] Ein Kunstbetrieb war im damaligen Syrien allerdings nur in Ansätzen vorhanden. Erst Ende der 1960er Jahre entstand die »Progressive Gewerkschaft für Schöne Künste« als staatlich vorgeschriebene Berufsorganisation. 1960 war die Fakultät der Schönen Künste an der Universität in Damaskus gegründet worden. Gegenwartskunst war zunächst einzig im Nationalmuseum in Damaskus zu sehen, später kamen kleinere Ausstellungsräume hinzu, die von der Künstlergewerkschaft betrieben wurden. Zudem gab es in Aleppo, Homs, Hama, Latakia und Suweida Kulturzentren, die als »Bildungszentren für Werktätige« von der syrischen Regierung gefördert wurden. Das Kulturleben und Bildungswesen war anfänglich noch von der französischen Mandatszeit geprägt gewesen, und die meisten als Lehrer und Künstler tätigen Maler und Professoren hatten in Paris oder Rom studiert. Ab 1957 begann die DDR-Kulturpolitik in Syrien wirksam zu werden: Wechselseitige Künstlerreisen und Ausstellungen wurden organisiert, Beratung und Hilfe beim Aufbau von Kulturzentren und Kunstschulen gewährt. Die syrischen Künstler und das Publikum sollten im Geiste des Sozialistischen Realismus geprägt und zu einer dezidiert politischen Kunst inspiriert werden. Die Syrer waren im Bereich Volksbildung und

---

[26] Am 8.11.1955 wurden offizielle Handelsbeziehungen zu Syrien aufgenommen. Im Frühjahr 1956 reiste eine DDR-Regierungsdelegation nach Syrien, Libanon, Ägypten und in den Sudan. Außenminister Otto Winzer besuchte Syrien, Ägypten, Libanon und den Irak im Mai 1967. MARTIN STÄHELI: Die syrische Außenpolitik unter Hafez al-Assad. Stuttgart 2001, S. 234. Eine ostdeutsche Reportage aus dem Jahr 1962 berichtete u. a. von Infrastrukturprojekten, die mit östlicher Hilfe große Fortschritte machten. HANS FISCHER: Begegnung mit Syrien. Leipzig 1962.

Volkskunst am Erfahrungsaustausch interessiert, verwiesen allerdings auf das weitverbreitete Analphabetentum als Hauptproblem ihrer Arbeit. Nicht nur stieß die Aufbauhilfe der DDR auf Hindernisse in Syrien, gelegentlich mangelte es auch an kompetenten Entwicklungshelfern. So sollte 1966 für drei Jahre ein Gastdozent an die Universität Damaskus vermittelt werden, um den Aufbau der Kunstakademie voranzubringen. Die syrische Regierung bot ein gutes Monatsgehalt, doch fand sich an der Hochschule für Bildende Künste Dresden kein geeigneter Mitarbeiter mit ausreichenden englischen oder französischen Sprachkenntnissen.[27] Mit der Eröffnung des Kultur- und Informationszentrums der DDR in Damaskus wurde die kulturelle Präsenz der DDR institutionalisiert. Eine erste Bilanz zur Jahresmitte 1968 führte bereits 132 Veranstaltungen mit 33.000 Besuchern auf, wobei das Zentrum mit syrischen Kulturzentren kooperierte und die meisten Veranstaltungen außerhalb des Zentrums stattgefunden hatten. Ausstellungen im Zentrum wurden von durchschnittlich 600 Besuchern gesehen.[28] Im Gespräch war zeitweilig auch der Aufbau einer eigenständigen Kunstakademie in Damaskus nach dem Muster der Kunsthochschule Berlin-Weißensee. Durch Ausstellungen in Berlin unterstützte die DDR den »Fotoclub Syrien«, der mit dem Ziel gegründet worden war, den öffentlichen Erfahrungsaustausch und die Weiterbildung im relativ neuen Medium der Fotografie voranzubringen. Ende der 1980er Jahre gehörten dem Klub rund 80 Fotografen aus unterschiedlichsten Berufen an. Auf diese Weise verbreitete sich die Fotografie im syrischen Alltag.[29] Einen letzten Höhepunkt erreichten die offiziellen Kulturbeziehungen 1987 mit dem Porträtauftrag Hafiz al-Assads an den Berliner Maler und Kunsthochschuldirektor Walter Womacka.[30]

---

[27] Anfrage des MfK an die HfbK Dresden 3.6.1966. Absage der HfbK 28.6.1966. Archiv HfbK 03/0073.

[28] Bericht über die Veranstaltungstätigkeit des Zentrums im ersten Halbjahr 1968 vom 26.6.1968. BArch DY 13 Nr. 2091.

[29] BArch DR 123 Nr. 257 und Nr. 331.

[30] WALTER WOMACKA: Farbe bekennen. Erinnerungen. Berlin 2004, S. 244. Womacka führte das Porträt in zwei Versionen aus. Das Gemälde *Erinnerungen an Kuneitra* zeigte verbogene rote Stahlträger, die fast schon einer abstrakten Plastik ähnelten, in einer wüstenhaften Ruinenlandschaft (1981, Öl).

Die irakische Baath-Diktatur als Kulturstaat – ein Partner für die DDR?

Der Irak hatte die DDR als einer der ersten Staaten anerkannt. 1963 kam die Baath-Partei erstmals an die Macht, sie titulierte ihre Machtergreifung rückblickend als »sozialistische Revolution«.[31] Saddam Hussein regierte ab 1979 als Diktator. Seine Herrschaftsweise stellte die DDR vor erhebliche Schwierigkeiten. Dennoch hielten die DDR und die Sowjetunion am Irak als strategischen Partner fest. Die Aussicht auf Öllieferungen ließ die DDR zu den Kommunistenverfolgungen schweigen, obwohl es seit 1970 mehrfach (und erfolglos) Hilferufe irakischer Kommunisten gegeben hatte; es gab sogar Übergriffe und Morde, verübt von irakischen Geheimdienstlern an linken irakischen Studenten in Berlin und Sofia. Selbst das MfS scheute die Zusammenarbeit mit den irakischen Sicherheitsdiensten, die mehrfach um eine Partnerschaft ersucht hatten. Eine Zusammenarbeit erscheine »nicht zweckmäßig«, hieß es im Frühjahr 1986 in einem internen Papier, »Die irakischen Abwehr- und Aufklärungsorgane werden jede Form der Zusammenarbeit unbedingt auch gegen progressive irakische Kräfte zu nutzen versuchen.«[32] Trotz erheblicher politischer Differenzen und einer gewissen Unberechenbarkeit des Regimes in Bagdad hatte sich ab Mitte der 1960er Jahre ein beachtlicher Kulturaustausch zwischen beiden Staaten entwickelt, der seinen Höhepunkt um 1978, kurz vor Beginn von Saddams Alleinherrschaft, erreichte. Die vitale irakische Kunstszene war Anfang der 1940er Jahre mit der Rückkehr einiger Künstler entstanden, die zuvor in Paris, Rom oder Kairo studiert und gearbeitet hatten. Die Kunstszene Bagdads wies mit ihren verschiedenen Künstlergruppen, Lehrinstituten und Galerien eine für den Nahen Osten ungewöhnliche Vielfalt auf. Die Stadt war nach Beirut als Hochburg des arabischen Kunstschaffens zu bezeichnen. Mitte der 1960er Jahre gab es mehrere Künstlervereinigungen in Bagdad, darunter eine

---

[31] Arabische Sozialistische Baath Partei. Der politische Bericht, verabschiedet vom 8. regionalen Kongress. Bagdad 1974 (Dt. Übersetzung durch das irakische Informationsministerium), S. 99 und 178.
[32] Stellungnahme zum irakischen Ersuchen um Zusammenarbeit mit dem MfS, HVA/Abt. II, Berlin 28.2.1986. BStU MfS X Nr. 104, Bl. 48.

Gruppe von Modernisten, eine Gruppe, die vom Impressionismus beeinflusst war, und eine »Gruppe des modernen Realismus«. Am Institut für Schöne Künste wurden in vierjährigen Studiengängen vor allem Kunstlehrer ausgebildet, während an der zur Universität von Bagdad gehörenden Akademie der Schönen Künste etwa 200 Maler, Keramiker und Bildhauer studierten. Eine 1965 in Wien, Budapest, London und Ostberlin gezeigte Wanderausstellung mit ca. 80 Gemälden und fünfzehn Plastiken sollte die Vielfalt und Leistungsfähigkeit der jungen irakischen Kunstszene demonstrieren und zeigen, dass sich der Irak auch auf dem Gebiet der Kunst als eigenständige Nation profilieren konnte.[33] Nun wurde auch die DDR im Irak kulturpolitisch aktiver und zeigte mehrere Kunstausstellungen. Mit der Eröffnung eines Kultur- und Informationszentrums 1968 in Bagdad bekam Kultur aus der DDR einen festen Repräsentationsort, an dem Ausstellungen und Vorträge stattfanden, wie beispielsweise von Kultusminister Klaus Gysi über die Kulturpolitik der DDR, an dem zwischen 80 und 100 Zuhörer teilnahmen.[34] Es folgten unter anderem Kunstausstellungen irakischer Künstler sowie die Propagandaausstellungen »Die DDR – ein souveräner Staat« und »20 Jahre jung«, die jeweils 3.000 bzw. 4.000 Besucher in Bagdad und 1.200 in Mossul anzogen.[35] In den folgenden Jahren kam es zu einer dichten Folge von wechselseitigen Ausstellungen. Der Verband Bildender Künstler der DDR und die Gewerkschaft der Künstler der Republik Irak hatten 1977 Beziehungen aufgenommen und wechselseitigen Erfahrungsaustausch, Besuche von Delegationen, Hospitationen und Arbeitsstipendien sowie Ausstellungen vereinbart.[36] Die Kulturpartnerschaft mit der DDR war Teil des Plans der Baath-Partei, den Irak auf allen Ebenen zur modernen arabischen Vormacht zu machen und internationales Prestige zu akkumulieren. So profilierte sich der Irak im Laufe der 1970er Jahre als Gastgeber des Al-Wasiti-Festivals für bildende Kunst und Literatur, als Konferenzort der Organisation arabischer Künstler, als Gastgeber

---

[33] BArch DR 1 Nr. 18799.
[34] *Bagdad Observer* vom 20.1.1970.
[35] BArch DY 13 Nr. 2079.
[36] Vereinbarung über die Zusammenarbeit vom VBK und der Gewerkschaft der Künstler der Republik Irak 1986–88 vom 18.3.1986. SAdK VBK ZV Nr. 458.

der Arabischen Biennale und internationaler Graphikausstellungen. Seit Mitte der 1970er Jahre wurde die irakische Kultur immer stärker in den Dienst der Baath-Diktatur genommen. Zudem beanspruchte Bagdad das Erbe der antiken Kulturen im Zweistromland zu verwalten; Saddam Hussein identifizierte und inszenierte sich ab Mitte der 1980er Jahre als Nachfolger Nebukadnezars II. Über den Ruinen des antiken Babylon ließ er sich einen Palast erbauen, ohne viel Rücksicht auf die Archäologie zu nehmen.[37] Im Laufe des ersten Golfkriegs dünnte sich der Kulturaustausch aus. Der Krieg erstickte das Kulturleben des Landes, weil zehntausende von Akademikern in den Kampf geschickt wurden. »Das Kulturpublikum zerstreute sich«, wie der Schriftsteller Fares Harram rückblickend feststellte:

»*Die Auflösung der Mittelklasse als Trägerin kultureller und politischer Werte und als Vertreterin literarischen und künstlerischen Geschmacks war ein Vorgeschmack auf eine Zeit des kulturellen Komas der irakischen Gesellschaft, wie wir sie heute kennen.*«[38]

Trotz schwindender Möglichkeiten, ideologisch und politisch Einfluss zu nehmen, hielt die DDR bis zuletzt an den Beziehungen zur Saddam-Diktatur fest. Es gab Ende der 1980er Jahre kein politisches Konzept und keine ideologische Begründung mehr für ihre Außenpolitik im Nahen Osten.

Die DDR und das Nation Building in Palästina

Neben Südafrika diente Israel als Hauptfeind der internationalistischen DDR-Propaganda. Beide Länder wurden geradezu dämonisiert, als hyperaggressive Agenten kapitalistischer Interessen und neokolonialer Mächte dargestellt. Sowohl für die PLO als auch für den ANC bzw.

---

[37] »Antike Stätte soll Tourismus ankurbeln«. ORF-Online-Artikel vom 22.06.2011. Online abrufbar unter URL: http://orf.at/stories/2044816/2044815/ (letzter Zugriff: 27.09.2022).

[38] FARES HARRAM: Kultur im Koma. Beitrag zur UNESCO-Konferenz »Politische Geographie in Nadschaf«. Paris 2012. Abgedruckt in: MICT (HRSG.): .iq. Der Irak. Porträt eines unbekannten Landes. Berlin 2013, S. 74 f., hier S. 74.

die SWAPO traten internationale Solidaritätsbewegungen ein, die in diesem Umfang beispiellos waren. In beiden Fällen versuchte sich die DDR als strategischer Partner der Solidaritätsbewegungen zu profilieren. Wie FRELIMO, MPLA und SWAPO waren auch die linke PFLP und die weit bedeutsamere PLO von der DDR sowohl in ihrem militärischen Kampf wie auch im Prozess des Nation Building unterstützt worden. 1973 hatte der VBK Beziehungen zur PLO-nahen Union of Palestine Artists aufgenommen. Im Gespräch mit Ismail Shammout wurde der Plan gefasst, eine Gruppenausstellung palästinensischer Künstler in der DDR zu veranstalten und regelmäßige Kontakte beider Künstlerverbände zu pflegen. Shammout, der seine künstlerische Laufbahn als palästinensischer Flüchtling in Kairo begonnen hatte, war nicht nur Leiter der PLO-Kulturabteilung, sondern in Personalunion auch Generalsekretär der Vereinigungen arabischer und palästinensischer Künstler.[39] Kunst und Kultur verstanden die Palästinenser bewusst als konstituierende Elemente des Nation Building. Die 1965 gegründete PLO-Abteilung für Kunst und Kultur hatte die Aufgabe, Plakate, Filme, Kunstwerke, Theater- und Tanzaufführungen sowie Publikationen zu produzieren und zu verbreiten. Kultur war gefragt als Bindemittel für das zu stärkende Nationalbewusstsein der in viele Länder verstreuten Exilpalästinenser, Kunstsammlungen sollten den Grundstock für Museen und andere staatliche Institutionen eines zu gründenden Staates Palästina bilden. Zugleich sollte aber die Weltöffentlichkeit auf der Ebene der Kultur von der Legitimität des Kampfes überzeugt werden. Es sollte der Eindruck erweckt werden, dass hier ein Kulturvolk um seine Existenz kämpft und keine dubiose Guerrilla-Truppe um die pure Machtergreifung. Wanderausstellungen mit Trachten und kunsthandwerklichen Produkten gingen in Europa auf Tour, oft auch in der DDR. Weitere wechselseitige Ausstellungen in Berlin und Beirut folgten, doch die Einladung von DDR-Künstlern in den Libanon stellte den eigentlichen Höhepunkt der Kulturbeziehungen zwischen der DDR und der PLO dar. In der Zeit des libanesischen Bürgerkrieges beherrschte die PLO weite Teile des Landes und der Hauptstadt Beirut, um von dort aus den Kampf gegen Israel

---

[39] Shammout kehrte noch einmal nach Deutschland zurück, in den 1990er Jahren lebte er mit seiner Frau einige Zeit dort, bevor er 1997 in seine Heimat übersiedelte.

weiterzuführen. Fünf ostdeutsche Künstler, Edmund Bechtle, Falko Behrendt, Uwe Bullmann, Christian Heinze und Günther Rechn, besuchten 1980 während ihrer Reise Ortschaften im Süden des Libanons, die umkämpfte Bekaa-Ebene und andere Kriegsschauplätze sowie einige Flüchtlingslager. Dabei kam es auch zu einer Begegnung mit PLO-Führer Arafat.[40] In der Galerie der Generalunion Palästinensischer Künstler im von der PLO beherrschten Westteil Beiruts wurde ein Jahr später die Ausstellung unter dem Titel »Palästina kämpft – Malerei und Grafik von Künstlern aus der DDR« eröffnet. Hier präsentierten die ostdeutschen Künstler die Ergebnisse ihrer Reise. Es dominierten Landschaftsbilder, Szenen aus dem Leben in den Flüchtlingslagern und Porträts von Kindern, Frauen und Kämpfern. Eine Sondermaschine der Interflug hatte Künstler, Diplomaten und Botschaftsmitarbeiter eigens dafür nach Beirut gebracht. Die Ausstellung in belebter Stadtlage fand trotz der unsicheren Situation Interesse beim Publikum. PLO-Militärverbände zogen vorbei, es gab gelegentliche Schusswechsel und Bombenangriffe israelischer Flugzeuge. Die DDR-Künstler waren aber offizielle Gäste der PLO und wurden nach Kräften abgeschirmt. Die Künstlerdelegation besuchte Dörfer, ein Krankenhaus und militärische Stellungen der Fatah. Es gab zudem Treffen mit arabischen Künstlerkollegen in ihren Ateliers. Ein Höhepunkt war der Besuch der Kunstsammlung, die sich im Besitz der palästinensischen Befreiungsorganisation befand. Weitere Ausstellungen palästinensischer Künstler in der DDR sollten folgen, wie auch von ostdeutschen Künstlern im Kulturzentrum der PLO in Beirut.[41] Die PLO hatte Kunst geschickt und intensiv für ihre politischen Ziele eingesetzt – wohl kaum eine andere nationale Befreiungsbewegung war in diesem Bereich erfolgreicher und konnte mit Hilfe der Kultur eine internationale Solidaritätsbewegung motivieren. Dass die Palästinenser ihrem Ziel, in einem eigenen, unabhängigen Staat leben zu können, bis heute nicht nähergekommen sind, lag sicher nicht am mangelnden Engagement der Künstler.

---

[40] Referat Günter Rechn, 7. Tagung des Zentralvorstands des VBK 6.11.1980, S. 87 ff. SdAK VBK ZV Nr. 5764/1.

[41] Die Ausstellung »60 Jahre politische Grafik« (40 Fotoreproduktionen) fand im Oktober 1979 statt. Im Herbst 1981 folgte eine Einzelausstellung Walter Womackas in Beirut.

Fazit

Trotz begrenzter Ressourcen unternahm die DDR erhebliche Anstrengungen, mit afrikanischen und arabischen Ländern in kulturelle Beziehungen zu treten. Dazu war oftmals nur ein Zeitfenster von zehn oder fünfzehn Jahren gegeben. Es gab einen regen Austausch von Delegationen von Kulturfunktionären, eine Vielzahl von Künstlerreisen, eine große Zahl von wechselseitigen Kunstausstellungen und eine Reihe von afrikanischen und arabischen Absolventen von DDR-Kunsthochschulen, die als Brückenbauer zu ihren Heimatländern dienten. Am engsten waren die Kulturbeziehungen der DDR mit Syrien, dem Irak und der PLO gewesen, mit erheblichem Abstand folgten Äthiopien, Angola und Mosambik. Sporadischer waren die Kontakte zu Tansania, Somalia, Ghana, Mali, Guinea und weiteren Ländern. In der Regel fand der Kulturaustausch zwischen staatlichen, politischen oder kommunalen Organisationen statt. Eine nachhaltige Kooperation der Kunsthochschulen (Austausch von Studenten und Dozenten, Angleichung der Lehrpläne) hat es überraschenderweise nicht gegeben. Dort, wo kaum staatliche Strukturen existierten, lag der Kulturaustausch in den Händen einzelner, engagierter Künstler, die nicht selten internationale persönliche Freundschaften schlossen. Insgesamt hatte die Kulturpolitik in den Beziehungen des Realsozialismus zu den jungen Nationen in Afrika und Asien keinen Vorrang – Wirtschafts- und Sicherheitspolitik standen im Vordergrund. Erfolge und nachhaltige Wirkungen der DDR-Kulturpolitik in Afrika und Nahost sind heute schwer greifbar. Das Zeitfenster war in den meisten Fällen zu klein, die allgemeinen Umstände zu kulturfeindlich. Paradoxerweise hinterließ die ideologisch und staatlich motivierte Auswärtige Kulturpolitik der DDR gerade im Persönlichen und Individuellen am deutlichsten ihre Spuren: bei den entstandenen Künstlerfreundschaften, in den Biografien jener, die in der DDR studieren oder ausstellen konnten.

Katalin Krasznahorkai

Subkutane Rassismen: Angela Davis und ihre Bilder

»Wir, die Jugend der Welt, werden unseren Kampf in bester Zusammenarbeit weiterführen, für den Frieden, für nationale Unabhängigkeit, für Demokratie und Freiheit. Für die Rechte der Jugend!«[1]

Mit diesen Worten grüßte Angela Davis Tausende Jugendliche aus der DDR und Vertreter*innen aus den Vereinigten Staaten, Chile, Vietnam, Kuba, Palästina, der Sowjetunion und anderen Staaten des sogenannten Globalen Südens anlässlich der X. Weltfestspiele der Jugend und Studenten 1973 in Ost-Berlin. Angela Davis forderte internationale Solidarität zwischen der Jugend der USA und der DDR. Erich Honecker posierte mit seiner bescheidenen Ausstrahlung auf der Ehrentribüne neben der jungen, charismatischen Angela Davis. Sie nahm ein Bad in der Menge, wo People of Color in teilweise mehr oder minder traditionellen Kostümen und Trachten in einer Art Karnevalszug durch die Straßen von Ost-Berlin tanzten. Honecker und führende Vertreter der DDR-Staatsführung feierten öffentlichkeitswirksam vor mehreren Tausend Jugendlichen die »Internationale Solidarität. […] Solidarität von Moskau bis Los Angeles, von Rostock bis Santiago«.[2] ›Solidarität‹ war jedoch bereits seit 1970 ein Slogan für die Freilassung von Angela Davis: »Freiheit für Angela Davis!«, wurde zur Kampfansage einer globalen Solidaritätskampagne im Kalten Krieg, die *beide* Blöcke umfasste. Die DDR beanspruchte hierbei eine Führungsrolle für sich als Vorkämpferin gegen Rassismus. Mit einer Propaganda, die Antirassismus, Antikapitalismus und Kommunismus miteinander verknüpfte, konnte sich die DDR in ein globales Netzwerk einfügen: von kommunistisch geprägten Ländern des sogenannten Globalen Südens, mit

---

[1] X. Weltfestspiele der Jugend und Studenten 1973 in Berlin. Mit ANGELA DAVIS und GLADYS MARIN. DEFA-Film über die X. Weltfestspiele der Jugend und Studenten in der Hauptstadt der DDR. Berlin 1973. Online abrufbar unter URL: https://www.youtube.com/watch?v=4oxtrTCb1KU (letzter Zugriff: 28.09.2022).

[2] Ebd.

kommunistischen Parteien und Verbänden in den USA und Westeuropa bis in die Sowjetunion und Osteuropa war sie Teil einer globalen Solidaritätsgemeinschaft geworden.

»Freiheit für Angela Davis!«, war ein omnipräsenter Slogan in der DDR, wo die staatlich verordnete Solidaritätskampagne für ihre Freilassung über drei Jahre anhielt und bewusst auf die Jugend setzte. Davis wurde »zum festen Bestandteil der politisch-ideologischen Ikonographie des SED-Regimes«[3] und zur Heldin des Widerstands gegen den »amerikanischen Imperialismus«. Die strategisch geplanten staatlichen Aktionen, regelmäßige Presseberichte über den Davis-Prozess, Ausstellungen und öffentlichkeitswirksame Auftritte sowie der teilweise hysterisierte Empfang Davis' in Ost-Berlin 1972 waren Teil der Massen-Performances, mit denen die DDR und ihr kürzlich gewählter SED-Parteivorsitzender Erich Honecker einen »sozialen Vertrag« mit der Jugend zu schließen versuchten. Zur Ikone dieses Vertrags wurde die schwarze Philosophin und Bürgerrechtlerin Angela Davis. Gleichzeitig wollte Honecker sich selbst als Freiheitskämpfer und die DDR als strategisch wichtige Akteurin im globalen Kontext positionieren. Dies wurde auch von den westlichen Medien so wahrgenommen, die Davis als die »regierende Heldin der DDR«[4] beschrieben.

Mit dem Slogan »Freiheit für Angela« wurde auch das Bild Davis' mit dem charakteristischen Afro-Look medial allgegenwärtig inszeniert. Im Folgenden geht es darum zu untersuchen, wie dieses ikonische Bild als Kippbild zwischen Machthabern und Unterdrückten funktionierte, wie ihre Bilder systemimmanenten, subkutanen, also unter die Haut gehenden Alltagsrassismus in Anti-Rassismus-Kampagnen bloßlegen

---

[3] SOPHIE LORENZ: Heldin des anderen Amerikas. Die DDR-Solidaritätsbewegung für Angela Davis, 1970–1973. In: *Zeithistorische Forschungen* 1(2013), S. 38–60. Online abrufbar unter URL: http://www.zeithistorische-forschungen.de/1-2013/id=4590 (letzter Zugriff: 28.09.2022). Vgl. KRISTINA KÜTT: Victory over American Imperialism? The Heroine of Socialism Angela Davis in East Berlin. In: JAN HANSEN/CHRISTIAN HELM/FRANK REICHHERZER (HRSG.): Making Sense of the Americas. How Protest Related to America in the 1980s and Beyond. Frankfurt am Main 2015, S. 311–333. Zum detaillierten Verlauf und zur Rezeption von Davis' Berlin-Besuch vgl. ebd., S. 317 ff.

[4] East Germany: St. Angela. In: *Time Magazine* vom 03.04.1972. Zit. nach SOPHIE LORENZ: Heldin des anderen Amerikas (wie Anm. 3).

und wie die Bilder von Angela Davis dazu beigetragen haben, dass sie noch heute, fünfzig Jahre später, als Freiheitsikone ebenso für die Solidarisierung mit Minderheiten, Gender- und Justiz-Gerechtigkeit steht wie für die Black Lives Matter-Bewegung.

›Rasse‹ ist ein soziales Konstrukt, das auf Bildern des »Andersseins« basiert. In Osteuropa, wo die Selbstidentifikation auf dem historischen Konstrukt des »Weißseins«[5] beruht, wurde und wird der systemische Rassismus nicht nur in der Geschichtsforschung noch immer mehrheitlich als historisch und gesellschaftlich irrelevant wahrgenommen.[6] Patrice Poutrus detektiert hier eine eklatante Forschungslücke, die sich auch in der Bildforschung niederschlägt:

> »In den Massenmedien, der politischen Bildungsarbeit und auch an den Schulen wird ein Bild der homogen weißen Alltagsgesellschaft gezeichnet, das verflixte Ähnlichkeiten mit dem hat, was der SED-Staat über den gesellschaftlichen Alltag in der DDR erzeugte.«[7]

Darstellungen von ›Rasse‹ in der Kunst im osteuropäischen Staatssozialismus können daher neue Einblicke in die Entwicklung von ›Rassenkonstruktionen‹ in den vermeintlich homogenen osteuropäischen Gesellschaften bieten. Bilder von Angela Davis im Staatssozialismus zeigen, wie die theoretischen und ideologischen Ziele der sozialistischen Staatsführung – laut der Devise: In der DDR gibt es keinen Rassismus – und die tatsächliche Instrumentalisierung des Bildes von Davis auseinanderdriften. Durch die Antirassismus-Kampagne der Staatsführung wird der subkutane Rassismus in der Mehrheitsgesellschaft deutlich vor Augen geführt.

---

[5] Konferenz: Historicizing ›Whiteness‹ in Eastern Europe and Russia, Socialism Goes Global. Das Konferenzprogramm ist online abrufbar unter URL: http://socialismgoesglobal.exeter.ac.uk/conferences/ (letzter Zugriff: 28.09.2022).

[6] IAN LEW/NIKOLAY ZAKHAROV: Race and Racism in Eastern Europe. Becoming White, Becoming Western. In: PHILOMENA ESSED/KAREN FARQUHARSON/KATHRYN PILLAY/ELISA JOY WHITE (HRSG.): Relating Worlds of Racism. Dehumanisation, Belonging, and the Normativity of European Whiteness. London 2018, S. 113–139.

[7] KATHARINA WARDA: Interview mit PATRICE POUTRUS, 01.12.2021. Online abrufbar unter URL: https://www.damost.de/aktuelles/aktuelles-neuigkeiten-/interview-mit-patrice-poutrus/ (letzter Zugriff: 28.09.2022).

Denn die Bilder von Davis, die in der Kampagne für ihre Freilassung in Frauenzeitschriften, Jugendmagazinen, in der Tagespresse oder auch in Rundfunk und Fernsehen omnipräsent waren, setzten auf zwei Merkmale: ›Rasse‹ und Gender. Ihre Exotisierung und Sexualisierung diente Honeckers Ziel, einen Pakt mit der Jugend zu schließen. Ein weiteres Ziel war, die DDR gegenüber westlichen Staaten moralisch überlegen in einer Weltgemeinschaft mit den sozialistischen Staaten des sogenannten Globalen Südens zu zeigen. Im Zuge der 1968er Bewegung sollte auch die DDR eine jugendhafte Dynamik entfalten, Weltoffenheit ausstrahlen und das Grau der SED-Diktatur mit einem Hauch von bunter Pop-Art überstreichen. Dazu wurden auch Künstler*innen eingespannt[8]: So sprachen sich die Schauspielerin Helene Weigel oder der Maler Willi Sitte öffentlich für Davis` Freilassung aus. Allein auf der VII. Kunstausstellung des Verbands Bildender Künstler der DDR 1972 wurden vier Werke ausgestellt, die sich auf Davis bezogen. Darunter befand sich ein großformatiges Historienbild von Willi Sitte, dem langjährigen Präsidenten des Verbands, das Davis vor ihren Richtern zeigt – jedoch ganz im Stil der amerikanischen Pop-Art und nicht im Stil des sozialistischen Realismus. Davis wurde tatsächlich von ihren Richtern freigesprochen. Ihre Freilassung wurde vom sozialistischen Block global als Erfolg der Solidaritätskampagne kommunistischer Staaten und Parteien gefeiert. Davis` fulminanter Auftritt auf den eingangs zitierten X. Weltfestspielen der Jugend war Teil ihrer Dankestour für die Solidarität, die sie während ihrer Haft und ihres Prozesses erfahren hatte.

Herbert Marcuse, Angela Davis' Doktorvater, äußerte sich trotz seiner generellen Unterstützung der Solidaritätskampagne kritisch über Davis' Bereitschaft, Staatschefs autoritärer Regime der Ostblock-Staaten zu umarmen,[9] während in den Gefängnissen zahlreiche politische Gefangene

---

[8] Vgl. hierzu die Ausstellung »1 Million Rosen für Angela Davis«, Kunsthalle im Lipsiusbau, Dresden, 10.10.2020–30.05.2021, sowie KATA KRASZNAHORKAI: Black Power in Osteuropa. Angela Davis zwischen sozialistischen Staatsoberhäuptern und Künstler*innen (Black Power in Eastern Europe: Angela Davis Between Socialist Heads of State and Artists). In: KATHLEEN REINHARDT (HRSG.): 1 Million Rosen für Angela Davis, Mousse Publishing. Dresden 2020, S. 78–87.

[9] Vgl. HERBERT MARCUSE: Die Studentenbewegung und ihre Folgen. In: PETER-ERWIN JANSEN (HRSG.): Herbert Marcuse. Nachgelassene Schriften. Kunst und Befreiung, Bd. 4. Lüneburg, 2004.

Abb. 1: Willi Sitte: Angela Davis und ihre Richter (1971).

saßen und ebenso wenige Chancen auf einen gerechten juristischen Prozess hatten wie ehedem Davis in Kalifornien. Osteuropäische Exilanten schrieben offene Briefe in westlichen Zeitungen, um Davis aufzufordern, ihr Schweigen zu diesem Thema zu brechen.[10] Einerseits trat Davis also entschieden gegen soziale Ungerechtigkeit, Rassismus und Diskriminierung ein und für Meinungsfreiheit sowie die Gleichheit vor dem Gesetz. Andererseits aber stand sie neben führenden Offizieren und Diktatoren in Osteuropa und der DDR, die hart gegen diese demokratischen und freiheitlichen Werte vorgingen. Somit stellte sie sich auch an die Seite der eben diese Werte systematisch unterdrückenden Staatsmächte – nur auf der anderen Seite des Eisernen Vorhangs.

Doch zunächst: Wie kam es dazu, dass eine junge schwarze Frau – und Philosophin! – zu einer universellen Projektionsfläche für Meinungsfreiheit und Gleichheit vor dem Gesetz in sozialistischen Diktaturen wurde? Die Geschichte begann mit einem beispiellosen Eingriff des FBI in die Souveränität einer US-amerikanischen Universität, an der Davis damals lehrte. Die junge Philosophie-Professorin wurde von einem als Student getarnten FBI-Informanten in der Universitätszeitschrift als Kommunistin geoutet. Dies war der Auslöser für eine regelrechte Hetzjagd gegen sie und führte zu ihrer politisch erzwungenen Kündigung. Angela Davis setzte sich gegen die Inhaftierung einer Gruppe schwarzer Jugendlicher ein, bekannt als die Soledad Brothers. Später wurde Anklage gegen sie erhoben, weil eine Waffe auf ihren Namen registriert war, mit der Jonathan Jackson einen Überfall auf ein Gericht verübte, wobei vier Menschen getötet wurden. Davis wusste nichts von dieser Aktion und den Planungen dazu. Sie hatte sich die Waffe gekauft, weil sie nach dem Vorfall an der Universität Morddrohungen erhalten hatte. Doch Ronald Reagan, der damalige Gouverneur von Kalifornien, setzte sich persönlich für die Verhaftung dieser 25-jährigen Professorin ein. Ihr drohte die Todesstrafe. Die US-Regierung reagierte erleichtert auf die Festnahme, und US-Präsident Richard Nixon gratulierte dem FBI öffentlich dazu. Das

---

[10] Vgl. Jiří Pelikán: Warum schweigen Sie, Angela Davis? In: *Die Zeit* vom 04.08.1972. Online abrufbar unter URL: http://www.zeit.de/1972/31/warum-schweigen-sie-angela-davis/komplettansicht (letzter Zugriff: 28.09.2022).

hieß jedoch auch: Der US-Präsident hielt eine junge schwarze kommunistische Philosophin für so wirkmächtig und mobilisierend, dass sie zur Terroristin erklärt werden musste, und zwar schon *bevor* Davis zu einer weltweit bekannten Person wurde. Ihre Stilisierung als Staatsfeindin und Terroristin einerseits und als Freiheitskämpferin andererseits verstärkte sich nach ihrer Inhaftierung und dem Prozess gegen sie noch. Die ganze Welt verfolgte die Gerichtsverhandlung, die mehr als drei Monate dauerte und vor einer überwiegend weißen Jury stattfand. Dieser Prozess wurde zu einem der größten juristischen Erfolge im antirassistischen Kampf der schwarzen Bürgerrechtsbewegung in den USA – und ein Erfolg, den der junge DDR-Staat auch für sich reklamierte.

Nach der Verhaftung und während des Prozesses gegen Angela Davis zwischen 1970 und 1972 verging kaum ein Tag in der DDR, an dem nicht über sie in Jugend- und Frauenzeitschriften, aber auch in der Tagespresse berichtet wurde. In Schulen und Arbeitskollektiven wurden Unterschriften für sie gesammelt, Wissenschaftler*innen verfassten Petitionen und Musiker*innen gaben Solidaritätskonzerte. Davis gehörte gleichsam zum DDR-Alltag in diesen Jahren. Sie wurde – trotz der offensichtlichen Unterschiede zur Mehrheitsgesellschaft – als »eine von uns« stilisiert. Die Solidaritätsbekundungen waren nirgendwo so stark emotionalisiert wie in der DDR. Davon zeugen hunderttausende Postkarten mit vorgefertigten Rosenmotiven, die ihr im Rahmen der Aktion »1 Million Rosen für Angela Davis« zu ihrem 27. Geburtstag 1971 von DDR-Schulkindern ins Gefängnis geschickt wurden. Dies war der Startschuss einer umfassenden SED-Kampagne für ihre Freilassung.

Wie Sophie Lorenz gezeigt hat,[11] ist die Idee des »anderen Amerika«, die Verknüpfung des Kommunismus mit afroamerikanischen Freiheitsbewegungen, bereits bei Lenin ein Thema. Die SED-Führung knüpfte an dieses aus den 1920er Jahren stammende Konzept an, dass neben der »bourgeoisen« US-amerikanischen Mehrheitsgesellschaft eine parallele Gesellschaft der unterdrückten Minderheit existiert. Die schwarze Bevölkerung in den USA wurde zu dieser unterdrückten

---

[11] SOPHIE LORENZ: »Schwarze Schwester Angela« – Die DDR und Angela Davis. Kalter Krieg, Rassismus und Black Power 1965–1975. Berlin 2020, S. 49 ff.

Minderheit des »anderen Amerika« gezählt. Die US-amerikanische »Rassenfrage« wurde in der Sowjetunion seit den 1920er Jahren als Instrument einer moralischen Überlegenheit mit antirassistischer Propaganda benutzt.

Während der Zeit des Sozialismus in den Ländern des ehemaligen Osteuropas waren Klasse und ›Rasse‹ miteinander verwoben: Rassismus wurde allein dem Kapitalismus zugeschrieben. Gleichzeitig wurde Antirassismus von der offiziellen Propaganda genutzt, um die moralische und soziale Hegemonie der sozialistischen Staaten im Gegensatz zu den kapitalistischen westlichen Gesellschaften hervorzuheben. Dorota Sosnowska argumentiert im polnischen Kontext: »Um die Rasse zu kritisieren, muss man gleichzeitig die Klasse kritisieren, und umgekehrt, um die Klasse zu kritisieren, muss man die Rasse kritisieren.«[12] Sie argumentiert, wenn über Rassismus im sozialen Bereich nachgedacht wird, »war die Mehrheit der polnischen Gesellschaft sehr lange Zeit schwarz«[13]. In diesem Sinne waren die osteuropäischen Gesellschaften, so auch die DDR, auf eine ›farbenblinde‹ Weise rassistisch. So wurden beispielsweise unterprivilegierte Teile der Gesellschaft, darunter auch Minderheiten, routinemäßig ausgegrenzt, nicht-weiße Mitbürger*innen systematisch rassistisch diskriminiert und deren Existenz konsequent negiert. Diese heuchlerische Verzerrung der herrschenden Ideologie des Marxismus-Leninismus mit ihrem Versprechen sozialer Gleichheit zementierte bestehende Ungleichheiten und löste neue aus. Die Enttäuschung, die nach 1968 und in den 1970er Jahren unter jungen Intellektuellen und Künstler*innen in Osteuropa über den »angewandten Marxismus« herrschte, trug zur Entstehung neuer Bezugspunkte für die Neuen Linken bei.[14] Auf der

---

[12] Dorota Sosnowska: Halka/Haiti – White Archive, Black Body? Reenactment and Repetition in the Polish-Colonial Context. Online abrufbar unter URL: http://re-sources.uw.edu.pl/reader/halkahaiti-white-archive-black-body-reenactment-and-repetition-in-the-polish-colonial-context/ (letzter Zugriff: 28.09.2022). Die Übersetzung des Zitats stammt von der Autorin.

[13] Ebd.

[14] Vgl. Hierzu im ungarischen Kontext: Kata Krasznahorkai: Color-blind and Color-coded Racism: Angela Davis, the New Left in Hungary, and »Acting Images« (02.08.2021). ARTMargins Online. Online abrufbar unter URL: https://artmargins.com/color-blind-and-color-coded-racism-angela-davis-the-new-left-in-hungary-and-acting-images/ (letzter Zugriff: 28.09.2022).

Suche nach einer ›reinen‹ Form des Marxismus eigneten sich als Held*innen nicht-westliche politische Figuren aus dem sogenannten Globalen Süden als Kritiker des existierenden Sozialismus, wie Che Guevara, Hồ Chí Minh und Mao Tse-Tung. Auch die bekennende Marxistin Angela Davis wurde zu einer dieser Identifikationsfiguren einer jungen, kritischen, linken Generation, die den real existierenden Sozialismus von links reformieren wollte.

Die Bilder dieser antirassistischen Propaganda verraten und entblößen jedoch intrinsischen Rassismus: So sieht man zum Beispiel auf einem sowjetischen Propagandaplakat Angela Davis` nachgezeichnetes Foto von ihrer Verhaftung mit Handschellen und einem Ku-Klux-Klan-Monster, das sich ihr von hinten nähert und sie mit zwei großen Händen krallt – nur: Die Ku-Klux-Klan-Figur ist schwarz, Davis wiederum ist weiß dargestellt. Die Konnotation des Bösen in der Gestalt des Ku-Klux-Klan als schwarz und die »gute«, positiv konnotierte Figur, also Davis, als weiß zu zeichnen, kehrt die Antirassismus-Propaganda in ihr Gegenteil um und entblößt den systemkonformen Rassismus in der Antirassismus-Kampagne.

Trotz oder gerade wegen der emotional aufgeladenen Nähe und Identifizierung mit »unserer Schwester Angela« wirft die politische Instrumentalisierung des Bildes von Angela Davis die Frage nach bildinhärenten Rassismen auf. Es wird noch Jahre nach Davis' Besuch in Ost-Berlin von schwarzen Frauen berichtet, die auf der Straße angehalten wurden, weil Passant*innen glaubten, Angela Davis zu sehen. Das hieß aber auch: die schwarzen Bürger*innen in der überwiegend weißen Gesellschaft anhand ihres Aussehens zu generalisieren und dadurch rassistisch zu konnotieren. Die Identifikation der weißen Männer in der politischen Führungsriege in »Blutsbrüderschaft« mit »unserer Schwester Angela« lässt die tatsächlichen Probleme und Ziele der schwarzen Bürgerrechtsbewegung weitgehend außer Acht. Die Überidentifikation von weißen, männlichen Diktatoren sozialistischer Länder mit einer jungen schwarzen Frau, die gegen die rassistische und sexistische Diskriminierung in ihrem eigenen Land kämpft, zeigt, wie unterschiedlich die Frage der Gleichberechtigung in diesem Kontext zu verstehen war. Denn das eigentliche Ziel von Davis war es, mit Hilfe der kommunistisch geprägten Staaten eine Allianz im Kampf für die Gleichberechtigung der schwarzen Bevölkerung, für soziale und Gendergerechtigkeit in den USA zu erreichen. Dieses Ziel hätte von der Mehrheitsgesellschaft in der DDR oder Osteuropa entfernter nicht sein können.

Doch während Angela Davis von den politischen Führern der sozialistischen Staaten hofiert wurde, erfuhren andere prominente Figuren der schwarzen Bürgerrechtsbewegung weit weniger Solidarität. Auch die Bilder des an einen Stuhl gefesselten Bobby Seale, eines Anführers der Black Panther-Bewegung, gingen um die Welt. Sein Prozess gehört ebenfalls zu den größten Skandalen der US-amerikanischen Justizgeschichte, aber von Solidaritätspropaganda im Ostblock auf staatlicher Ebene, insbesondere in dem Ausmaß wie bei Davis, war nichts zu sehen. Was machte also Angela Davis so anschlussfähig für die sozialistischen Staaten, und wo verliefen die Grenzen der Solidarität? Die Anschlussfähigkeit von Davis lag nicht zuletzt an den Bildern, die sie produzierte. Die Anschlusspunkte liegen, so hart es klingt: an ihrer Hautfarbe, an ihrem Geschlecht und auch an ihrer Frisur. Davis selbst versuchte immer wieder, gegen diese Verselbstständigung ihres Bildes anzugehen. Sie sagte, es sei erniedrigend, den politischen Freiheitskampf auf ihre Frisur zu reduzieren. Aber sie konnte wenig dagegen tun – bis heute dominiert ihr Bild mit dem Afro-Look ihre öffentliche Wahrnehmung.

Doch wie werden diese Bilder von Davis heute in der Black Lives Matter-Bewegung eingesetzt? Die Proteste gegen die Diskriminierung der schwarzen Bevölkerung haben in den USA nach dem Tod des Afroamerikaners George Floyd eine lange nicht mehr gesehene Intensität erreicht. Doch anders als damals, gibt es heute kaum individuelle Anführer*innen dieser Bewegung, die als charismatische Köpfe an deren Spitze sichtbar wären. Davis fragt selbst: »Wo ist der zeitgenössische Martin Luther King? Wo ist Malcolm X?«[15] Der wesentliche Unterschied zu der historischen Bewegung und ein entscheidender Erfolg der heutigen Proteste ist, dass sich die Organisations-

---

[15] LANRE BAKARE: Angela Davis: ›We knew that the role of the police was to protect white supremacy‹. In: *The Guardian* vom 15. Juni 2020, siehe URL: https://www.theguardian.com/us-news/2020/jun/15/angela-davis-on-george-floyd-as-long-as-the-violence-of-racism-remains-no-one-is-safe (letzter Zugriff: 28.09.2022).

Abb. 2: Proteste in Oakland (Kalifornien) am 19. Juni 2020 gegen Polizeigewalt und strukturellen Rassismus nach der Tötung des Afroamerikaners George Floyd.

form demokratisiert hat. Sie ist bewusst nicht mehr auf *eine* prominente Person ausgerichtet.

Da stellt sich die Frage, wie wichtig die alten Figuren aus den 1960er und 1970er Jahren, wie Angela Davis, Martin Luther King oder Malcolm X, für die Bewegung heute sind? Taugen sie noch als Ikonen oder sind sie mittlerweile überholt? Die Antwort ist klar: Sie sind keineswegs verbraucht. Auch für staatliche Akteure ist das Bild von Davis immer noch aktuell. Im Jahr 2018 etwa versuchte das britische Innenministerium, Angela Davis für seine Ziele zu vereinnahmen. Das britische Home Office setzte eine Image-Kampagne auf Stoosh, einer vom Home Office eingesetzten Facebook-Seite mit Angela Davis auf, wo junge Frauen mit migrantischem Hintergrund Davis als ihre Heldin feiern.[16]

Die Ikone Angela Davis wird zu einem verselbständigten, autonomen »aktiven Bild«, ein Bild, das seine Wirkung auf seine eigene, autonome

---

[16] Die Seite wurde noch in demselben Jahr wieder geschlossen.

Weise entfaltet, ein Bild, das auf eine von seinem ursprünglichen medialen und politischen Einsatz nicht beabsichtigte Weise agiert. Wie versucht wurde zu zeigen, kann durch die Instrumentalisierung und Exotisierung statt Antirassismus systemimmanenter, subkutaner Rassismus zutage treten.

Als einer der größten Widersprüche gilt, dass durch die extreme Sichtbarkeit von Davis die in der ehemaligen DDR lebenden People of Color weder sichtbarer gemacht werden konnten noch haben sie eine Stimme durch ihre starke Stimme bekommen. Wie Katharina Warda schreibt:

»*Denn meine Leute sind die Unsichtbaren dieser Gesellschaft: Jenseits der ›doppelten Unsichtbarkeit‹ von Ostdeutschen of Color stecken reiche Geschichten. Es gab und gibt schon immer Migrant*innen und migrantisierte Personen, also deutsche PoC. Bloß sind sie und ihre Geschichten meist unsichtbar.*«[17]

In den soziologischen und historischen Diskursen sind erste Ansätze zum Schließen von Forschungslücken in diesem Feld und die Aufforderung zu einer Neuorientierung bereits erkennbar. Wie Karoline Oehme-Jüngling erläutert:

»*Hegemoniale Erinnerungsdiskurse zur ostdeutschen Geschichte weisen in Blickrichtung und gesellschaftlicher Positionierung große Lücken auf: So wird die DDR-Gesellschaft vielfach homogen und weiß imaginiert. Lebensgeschichtliche Erzählungen von Menschen mit Migrationsgeschichte in Ostdeutschland sind weder Teil einer bundesdeutschen noch einer lokalen Erinnerungskultur.*«[18]

---

[17] Our Legacy. Migrantische und migrantisierte Geschichten, Erfahrungen und Perspektiven zwischen Ost- und Westdeutschland. Polyphoner Gesprächsabend von und mit KATHARINA WARDA. Im Gespräch mit PATRICE POUTRUS. Online abrufbar unter URL: https://www.youtube.com/watch?v=BKmoxlXzj3w (letzter Zugriff: 28.09.2022).

[18] Siehe URL: https://tu-dresden.de/gsw/der-bereich/news/neues-projekt-gestartet-migost (letzter Zugriff: 28.09.2022). KAROLINE OEHME-JÜNGLING ist Leiterin des Projekts »MigOst – Ostdeutsche Migrationsgeschichte selbst erzählen« an der TU-Dresden.

Doch auch in den Bildwissenschaften und insbesondere in der politischen Ikonografie des »Anderen« braucht es ein Umdenken, besonders dann, wenn Bilder des »Andersseins« in Europa und speziell auch in Osteuropa erneut für fremdenfeindliche, rassistische Propaganda instrumentalisiert werden. Diesmal aber nicht im Namen einer weltweiten Solidarität und Anti-Rassismus-Propaganda, sondern im Gegenteil: zur systematischen Befeuerung von Anti-Solidarität gegenüber Migrant*innen, Minderheiten, People of Color, LGBTQI+ Communities, geprägt von einer Rückkehr zu einem vor-postkolonialen Selbstverständnis einer weißen Überlegenheit gegenüber dem sogenannten Globalen Süden. Dies geschieht im Namen von so genannten »Rettern« der »europäischen, christlichen Werte«[19]. Angela Davis' Bilder wirken in diesem Sinne bis heute und rufen dazu auf, gegen Rassismus, für Gleichheit und für die Universalität der Menschenrechte auch in der kritischen Reflexion der Bildgeschichte von Antirassismus-Kampagnen stärker nachzudenken. Nach Davis' Motto: »Es reicht nicht, kein Rassist zu sein. Man muss Anti-Rassist werden«[20], sollte uns dies auch auf der bildhistorischen und bildpolitischen Ebene bewusster werden.[21]

---

[19] Siehe VIKTOR ORBÁN: Europe can only be saved if it finds its way back to its Christian identity, speech held at the 2nd International Conference on Christian Persecution, 26.11.2019, siehe URL: https://miniszterelnok.hu/europe-can-only-be-saved-if-it-finds-its-way-back-to-its-christian-identity/ (letzter Zugriff: 28.09.2022).

[20] »In a racist society it is not enough to be non-racist. We must be anti-racist.«. ANGELA DAVIS zitiert in: IBRAM X. KENDI: Stamped from the beginning: The definitive history of racist ideas in America. New York 2016, S. 429.

[21] Dieser Artikel wurde mit dem Forschungsstipendium der Gerda Henkel Stiftung gefördert.

Autorinnen und Autoren

Ass.-Prof. Dr. Eric Burton

Studium Internationale Entwicklung, Kultur- und Sozialanthropologie, Afrikanische Geschichte und Kiswahili in Wien und Daressalam (Tansania); 2017/2018 Gastforscher am Leibniz ScienceCampus »Eastern Europe – Global Area« (EEGA) der Universität Leipzig; 2018 Promotion in Geschichte an der Universität Wien (Thema: In Diensten des Afrikanischen Sozialismus. Tansania und die globale Entwicklungsarbeit der beiden deutschen Staaten, 1961–1990); 2018/2019 Wissenschaftlicher Mitarbeiter im Projekt »Socialism goes global« der University of Exeter (UK); seit 2019 Assistenzprofessor für Globalgeschichte am Institut für Zeitgeschichte der Universität Innsbruck.

Forschungsschwerpunkte: Ost-Süd-Beziehungen während des Kalten Krieges, Dekolonisierung und Befreiungsbewegungen, Geschichte der Entwicklungspolitik und -arbeit, afrikanische Bildungsmigration während des Kalten Krieges.

Publikationen (Auswahl): In Diensten des Afrikanischen Sozialismus. Tansania und die globale Entwicklungsarbeit der beiden deutschen Staaten, 1961–1990. Berlin/Boston 2021; (Hrsg.): Navigating Socialist Encounters: Moorings and (Dis)Entanglements Between Africa and East Germany During the Cold War (mit Anne Dietrich, Immanuel Harisch und Marcia C. Schenck). Berlin/Boston 2021; Sozialistische Globalisierung. Die Tagebücher der DDR-Freundschaftsbrigaden in Afrika, Asien und Lateinamerika (mit Immanuel R. Harisch). In: Zeithistorische Forschungen 17/3 (2020), S. 578–591; Solidarität und ihre Grenzen bei den Brigaden der Freundschaft der FDJ. In: Frank Bösch/Caroline Moine/Stefanie Senger (Hrsg.): Globales Engagement im Kalten Krieg. Göttingen 2018, S. 152–185.

Prof. Dr. Jörg Ganzenmüller

Geboren 1969 in Augsburg; Studium der Neueren und Neuesten Geschichte, Osteuropäischen Geschichte und Wissenschaftlichen Politik an der Albert-Ludwigs-Universität in Freiburg; 2003 Promotion an der Universität Freiburg mit einer Studie zum belagerten Leningrad; 2004–2010 wiss. Mitarbeiter am Lehrstuhl für Osteuropäische Geschichte der Friedrich-Schiller-Universität Jena; 2008/09 Stipendiat des Historischen Kollegs in München; 2010 Habilitation an der Universität Jena zum polnischen Adel in den westlichen Provinzen des russischen Zarenreiches; 2010–2014 Vertreter des Lehrstuhls für Osteuropäische Geschichte an der Universität Jena; seit 2014 Vorstandsvorsitzender der Stiftung Ettersberg in Weimar; seit 2017 Professor für europäischen Diktaturenvergleich an der Universität Jena.

Forschungsschwerpunkte: Nationalsozialistische Vernichtungspolitik; Stalinismus in der Sowjetunion; Erinnerung an Diktatur und Krieg in Deutschland und im östlichen Europa; Europäischer Diktaturenvergleich; Deutsch-polnisch-russische Beziehungen vom 18.–20. Jahrhundert; Sportgeschichte Osteuropas.

Publikationen (Auswahl): (Hrsg.): Gesellschaft als staatliche Veranstaltung? Orte politischer und kultureller Partizipation in der DDR (mit Bertram Triebel) (Europäische Diktaturen und ihre Überwindung, 27), Köln/Wien 2022; (Hrsg.): Die revolutionären Umbrüche in Europa 1989/91. Deutungen und Repräsentationen (Europäische Diktaturen und ihre Überwindung, 28), Köln/Wien 2021; (Hrsg.): Jüdisches Leben in Deutschland und Europa nach der Shoah. Neubeginn – Konsolidierung – Ausgrenzung (Europäische Diktaturen und ihre Überwindung, 26). Köln/Weimar/Wien 2020.

Dr. Katalin Krasznahorkai

Studium der Kunstgeschichte in Budapest und Berlin; 2015 Promotion an der Universität Hamburg mit der Arbeit »Spitze der Blitze. Das Lightning Field zwischen Bild- und Technikgeschichte« (edition metzel, 2018); 1999–2003 Kuratorin und Museologin am Ludwig Museum Budapest; 2007 wiss. Mitarbeiterin an der Akademie der Künste Berlin für die Ausstellung »Peter Zadeks Menschentheater«; 2008–2010 Freiberufliche Kuratorin; 2010–2016 Kuratorin und Projektleiterin am Collegium Hungaricum Berlin; 2014–2019 wiss. Mitarbeiterin am Slawischen Seminar der Universität Zürich im ERC-Projekt »Projekt Performance Art in Eastern Europe. History and Theory

1950–1990«; 2020–2022 Gerda-Henkel-Fellow an der Universität Zürich mit dem Forschungsprojekt »Black Power in Osteuropa«. Seit 2022 kuratorische Leitung an der Brandenburgischen Gesellschaft für Kultur und Geschichte.

Forschungsschwerpunkte: Postkolonialismus in Osteuropa; Erinnerungspolitik und Bildgeschichte; Geheimdienstarchive und Desinformation.

Publikationen (Auswahl): Operative Art History or Who is Afraid of Artists? Leipzig (im Erscheinen); Black Power in Osteuropa. Angela Davis zwischen sozialistischen Staatsoberhäuptern und Künstler*innen. In: Kathleen Reinhardt/Hilke Wagner (Hrsg.): 1 Million Rosen für Angela Davis (Ausstellungskatalog). Dresden 2020, S. 78–87; (Hrsg.): Artists & Agents. Performancekunst und Geheimdienste (mit Sylvia Sasse). Leipzig 2019.

Dr. Tobias Rupprecht

Studium der Neueren Geschichte, Kunstgeschichte und Vergleichenden Literaturwissenschaft in Tübingen und Salamanca; 2012 Promotion am Europäischen Hochschulinstitut in Florenz (Thema: »Soviet Internationalism after Stalin. Interaction and Exchange between the Soviet Union and Latin America during the Cold War«); 2015–2020 Lecturer (ab 2019 Senior Lecturer) für Lateinamerikanische Geschichte an der Universität Exeter; seit 2020 Leiter der Nachwuchsgruppe »Peripheral Liberalism. Market Economists and Globalisation in the Soviet Union/Russia and China« im Exzellenzcluster SCRIPTS an der FU Berlin.

Forschungsschwerpunkte: Globalgeschichte, Geschichte des (Staats-)Sozialismus mit Schwerpunkt sowjetische Geschichte, Geschichte des (Neo-)Liberalismus, Lateinamerikanische Geschichte, insbesondere moderne chilenische Geschichte.

Publikationen (Auswahl): The Socialist World in Global History. From Absentee to Victim to Co-producer (mit James Mark). In: Matthias Middell (Hrsg.): The Practice of Global History. London 2019, S. 81–113; »1989«. A Global History of Eastern Europe (mit Bogdan Iacob, James Mark und Ljubica Spaskovska). Cambridge 2019; Soviet Internationalism after Stalin. Interaction and Exchange between the Soviet Union and Latin America during the Cold War. Cambridge 2015.

Dr. Christian Saehrendt

Studium der Freien Kunst an der Hochschule für bildende Künste in Hamburg, danach Studium der Europäischen Kunstgeschichte und Neueren Geschichte in Heidelberg und Berlin; 2002 Promotion in Heidelberg mit einer Arbeit über den Expressionisten Ernst Ludwig Kirchner (»Ernst Ludwig Kirchner. Bohème-Identität und nationale Sendung«); Freier Kunsthistoriker und Publizist für Kunstgeschichte/ Allgemeine Geschichte.

Forschungsschwerpunkte: Kulturgeschichte des 20. Jahrhunderts, Kunstsoziologie, Politische Kunst, Populärwissenschaftliche Kunstvermittlung im Bereich Gegenwartskunst, Auswärtige Kulturpolitik, politische Denkmäler.

Publikationen (Auswahl): Kunst im Kreuzfeuer. documenta, Weimarer Republik, Pariser Salons. Moderne Kunst im Visier von Extremisten und Populisten. Stuttgart 2020; Kunst im Kampf für das Sozialistische Weltsystem. Auswärtige Kulturpolitik der DDR in Afrika und Nahost. Stuttgart 2017; Ist das Kunst oder kann das weg? Vom wahren Wert der Kunst (mit Steen T. Kittl). Köln 2016.

Franz-Josef Schlichting

Geboren 1964 in Leinefelde; Studium der Philosophie und katholischen Theologie; seit 2004 Leiter der Landeszentrale für politische Bildung Thüringen in Erfurt.

Publikationen (Auswahl): (Hrsg.): Das demokratische Jahr der DDR. Zwischen Friedlicher Revolution und deutscher Einheit (mit Jörg Ganzenmüller) (Aufarbeitung kompakt, 15). Weimar 2021; (Hrsg.): Verspielte Einheit? Der Kalte Krieg und die doppelte Staatsgründung 1949 (mit Jörg Ganzenmüller) (Aufarbeitung kompakt, 13). Weimar 2020; (Hrsg.): Das lange Ende des Ersten Weltkriegs. Europa zwischen gewaltsamer Neuordnung und Nationalstaatsbildung (mit Jörg Ganzenmüller) (Aufarbeitung kompakt, 12). Weimar 2020; (Hrsg.): Die Oktoberrevolution. Vom Ereignis zum Mythos (mit Jörg Ganzenmüller) (Aufarbeitung kompakt, 11). Weimar 2019.

Anna Warda

Studium der Literaturwissenschaften und Geschichte an der Universität Potsdam; seit 2014 promoviert sie an der Universität Potsdam und am Zentrum für Zeithistorische Forschung (ZZF) Potsdam über die Aktivitäten des Ministeriums für Staatssicherheit der DDR im Globalen Süden; Forschungsreisen unter anderem nach Sansibar, Mosambik und Nicaragua; seit 2008 für Gunter Demnig und das KunstDenkmal STOLPERSTEINE tätig und dort verantwortlich für die Bereiche Projektorganisation, Öffentlichkeitsarbeit und akademischer Austausch; seit 2016 Kuratoriumsmitglied der Stiftung – Spuren – Gunter Demnig.

Publikationen (Auswahl): Gedenken neu verorten – Das Konzept der STOLPERSTEINE und die europäische Erinnerungskultur. In: Joachim Klose (Hrsg.): Erinnern für die Zukunft? Über Erinnerungskultur, ihr Sinnstiftungs- und Streitpotenzial (anvisierte Veröffentlichung 12/2022); Das Kunstprojekt Stolpersteine aus deutscher und internationaler Perspektive. In: Silvija Kavčič/Thomas Schaarschmidt/Anna Warda/Irmgard Zündorf (Hrsg.): Steine des Anstoßes: Die Stolpersteine zwischen Akzeptanz, Transformation und Adaption. Berlin 2021; Ein Kunstdenkmal wirft Fragen auf. Die »Stolpersteine« zwischen Anerkennung und Kritik. In: Zeitgeschichte-online, 21.3.2017; Weder Stillstand noch Unbehagen (zusammen mit Anne Thomas). In: Stolpersteine in Berlin #2. 12 Kiezspaziergänge. Hrsg. vom Aktiven Museum Faschismus und Widerstand e.V. und der Koordinierungsstelle Stolpersteine Berlin. Berlin 2014, S. 16–23.

Abbildungsverzeichnis

Eric Burton: Die globale Entwicklungsarbeit der DDR
Abb. 1 © Roland Martin (Privataufnahme)
Abb. 2 © Roland Martin (Privataufnahme)

Anna Warda: Das MfS in der ›Dritten Welt‹
Abb. 1 © Anna Warda (Privataufnahme)
Abb. 2 © BArch, MfS Abt. X 769, S. 346-6

Christian Saehrendt: Kunst im Kampf für das Sozialistische Weltsystem
Abb. 1 © Bundesarchiv. Bild 183-1984-0413-002 (Fotograf: Jürgen Sindermann)

Katalin Krasznahorkai: Subkutane Rassismen
Abb. 1 © VG Bild-Kunst, Bonn 2022 | © Akademie der Künste, Berlin, Verband Bildender Künstler der DDR – Fotos, VBK-Fotos 6019, Ursula Körner
Abb. 2 © Wikimedia Commons. Annette Bernhardt - port protest -1597, CC BY-SA 2.0

Wir haben die Rechte des Bildmaterials sorgfältig recherchiert. Sollten Sie dennoch ein Bild- oder Urheberrecht verletzt sehen oder Angaben fehlen, so wenden Sie sich bitte an weimar@stiftung-ettersberg.de.